Der Plan des Josef Popper-Lynkeus

Europäische Hochschulschriften

Publications Universitaires Européennes
European University Studies

Reihe XXIX
Sozialökonomie

Série XXIX   Series XXIX
Economie sociale
Social Economics

Band / Vol. 7

PETER LANG
Bern • Frankfurt am Main • Las Vegas

Frederick P. Hellin
Robert Plank

Der Plan des Josef Popper-Lynkeus

Vorwort von
Richard Coudenhove-Kalergi

PETER LANG
Bern • Frankfurt am Main • Las Vegas

Die Verfasser danken Herrn Dr. Franz Rottensteiner (Wien) für die Veröffentlichung dieser Publikation in "Quarber Merkur" Band 13, Heft 1 und 2 (1975).

© Verlag Peter Lang AG, Bern 1978
Nachfolger des Verlages
der Herbert Lang & Cie AG, Bern

Alle Rechte vorbehalten. Nachdruck oder Vervielfältigung, auch auszugsweise, in allen Formen wie Mikrofilm, Xerographie, Mikrofiche, Mikrocard, Offset verboten.

ISBN 3-261-03097-6

Druck: Lang Druck AG, Liebefeld/Bern

VORWORT
****

Popper-Lynkeus war ein Weiser. Für die Griechen war dieses Wort das höchste Mass menschlicher Grösse. Wie im Mittelalter das Ideal des Heiligen; in der Neuzeit das der Genies.

Der Weise ist weder ein Heiliger noch ein Genie. Sondern ein Mann von grossen Geistesgaben der mitten in dieser Welt steht und sie dennoch überragt. Wie Sokrates.

Heute ist das Ideal des Weisen unzeitgemäss. Es klingt fast wie eine Uebersetzung aus dem Altgriechischen.

Dennoch gibt es Weise. Meist ruhmlos und unbekannt, weil sie frei sind von Ehrgeiz, Eitelkeit und Ruhmsucht. Die sogenannten grossen Männer unserer Zeit waren nichts weniger als Weise.

Darum ist Popper-Lynkeus unbekannt geblieben. Trotz seines Denkmales im Wiener Rathauspark.

Es ist ein besonderer Verdienst Hellin's, die Erinnerung an diesen grossen Mann und sein Lebenswerk wieder auferstehen zu lassen.

***

Ich hatte das Glück, Josef Popper-Lynkeus persönlich zu kennen. Nie werde ich die edlen Züge dieses Weisen vergessen, aus denen nicht nur Weisheit sprach, sondern auch Güte.

Denn dieser Mann war besessen vom Willen, der Menschheit vorwärtszuhelfen. Das Elend auszurotten ohne die Freiheit zu opfern. Er war Sozialist aus Individualismus. Ein Todfeind des Kollektivismus, der im Menschen nur eine Zelle der Gesellschaft sieht. Für ihn war nur der Mensch, jeder Mensch, eine Welt für sich, dem die abstrakte Gesellschaft verpflichtet ist. Er wollte das Elend ausrotten, nicht um der Gesellschaft, sondern um der Individuen willen. Um ihr Recht auf Leben, Freiheit und Glück.

***

Dieser soziale Individualismus bildet die Grundlage seiner Philosophie und Soziologie. Sein Kampf richtet sich nur gegen das Elend, nicht gegen den Luxus. Er will die Armut abschaffen, nicht den Reichtum. Durch die "Allgemeine Nährpflicht" will er allen Menschen ein menschenwürdiges Dasein sichern, ohne damit zu verhindern, dass besondere Begabungen sich bereichern.

Sein Lebenswerk, die "Allgemeine Nährpflicht", ist durch die technische Entwicklung überholt. Aber dieser gigantische technische Fortschritt, der seit dem Tode Popper-Lynkeus eingesetzt hat, macht die Verwirklichung seines Grundgedankens nicht schwerer, sondern leichter.

Es ist zu hoffen, dass ein junger Nationalökonom, angeregt durch diese Schrift, das Lebenswerk Popper-Lynkeus' studiert und dessen Grundgedanken dem heutigen Stand der Technik anpasst. Und damit der Menschheit des Westens und des Ostens neue Wege weist in eine Welt der Freiheit ohne Elend. Jenseits des Kommunismus - aber auch jenseits der Plutokratie.

Eine Welt freier und glücklicher Menschen.

Eine Welt, wie sie Josef Popper-Lynkeus erträumt hat.

Richard Coudenhove-Kalergi

Zürich, den 15. Februar 1972

INHALTSVERZEICHNIS
****

1. <u>Kapitel</u>: Die soziale Frage — 9
   - Problemstellung — 9
   - Gibt es heute noch eine soziale Frage? — 9
   - Die Geographie der Wohlstandsgesellschaft — 10
   - Worin aber besteht eigentlich die soziale Frage? — 11
   - Die Armut inmitten des Reichtums — 13
   - Die Lösungsversuche — 14
   - Der Preis der Lösung — 16

2. <u>Kapitel</u>: Der Vorschlag zur Lösung — 19
   - Grundlegendes — 19
   - Die Lösung als Programm — 21
   - Die Nährpflicht: Das "Minimum" — 23
   - Die Bemessung des Minimums — 25
   - Das sekundäre Minimum. Die Privatwirtschaft — 29
   - Die Arbeitspflicht — 31
   - Organisationsfragen — 35
   - Der Uebergang zur allgemeinen Nährpflicht und andere Fragen am Rande — 38
   - Wie wird also am Ende alles aussehen? — 41

3. <u>Kapitel</u>: Das Werk und der Mann — 45
   - Vorbemerkung — 45
   - Der Lebenslauf — 46
   - Die Schriften — 48
   - Ein Mensch mit seinem Widerspruch — 52

4. <u>Kapitel</u>: Zur Debatte über den Plan — 57
   - Was soll diskutiert werden und wie? — 57
   - Muss das Minimum in natura gegeben werden? — 59
   - Die Neubemessung des Minimums — 63
   - Die Regelung des Dienstes in der Nährarmee — 65
   - Der private Sektor — 68
   - Die Frage der Verwirklichung — 70
   - Vergleiche mit anderen Plänen — 73

5. <u>Kapitel</u>: Popper-Lynkeus und die Zukunft — 75

Erstes Kapitel: Die soziale Frage

Problemstellung

Hier wird keine Panazee angeboten. Wir machen auch nicht den Versuch, in der Welt zu einem spirituellen Sich-finden beizutragen. Auf die vielleicht sehr heilsamen und notwendigen Fragen, wie etwa, ob - ohne Gott oder mit Gott - dem modernen Leben ein Sinn zu geben sei, werden wir hier nicht eingehen. Wir haben es uns vielmehr zur Aufgabe gesetzt, eine grosse, aber nicht unendlich grosse Frage aufzuwerfen. Wir hoffen, eine gesellschaftliche Willensbildung auf dem politischen Boden der Demokratie anzuregen, die das Individuum in maximaler Freiheit respektiert, in Krieg und Frieden.

Wir wollen zu diesem Zweck einen Plan zur Lösung der sozialen Frage zur Diskussion stellen, der um die Jahrhundertwende von dem Ethiker und Sozialphilosophen Josef Popper-Lynkeus erdacht worden ist. Ein Plan ist das - keine Theorie, keine Utopie, keine Propaganda, sondern ein Plan. Er war für die damaligen wirtschaftlichen und technischen Bedingungen durchkonstruiert worden. Wir glauben zeigen zu können, dass die Ideen, die ihm zugrundeliegen, für heute von überraschender, brennender Aktualität sind.

Man kann füglich verlangen, dass wir zweierlei dartun, um zu zeigen, dass eine Diskussion der sozialen Frage heute überhaupt zu etwas führt: nämlich erstens, dass es eine soziale Frage heute noch gibt und zweitens, dass eine vollgültige Lösung für sie bis heute noch nicht gefunden worden ist.

Gibt es heute noch eine soziale Frage?

Man darf sich nicht dadurch irreführen lassen, dass es um die soziale Frage heute relativ sehr still geworden ist. Während einer langen Zeit, die aber noch gar nicht sehr lange zurückliegt, war das ganz anders: Die Welt war vom Getöse des Kampfes um die soziale Frage erfüllt.

Wenn man auf säuberliche Abgrenzungen hält, könnte man von einem "Jahrhundert der sozialen Frage" sprechen - nämlich dem Jahrhundert von 1847 an, als Karl Marx und Friedrich Engels mit dem Kommunistischen Manifest der Welt geradezu schlagartig zum Bewusstsein brachten, dass diese und keine andere die Kernfrage des gesamten öffentlichen Lebens war, während das Hervorheben anderer Fragen nur dazu diente, dieses Kernproblem zu verschleiern - von 1847 also bis 1947.

Dank der fabelhaften Entwicklung der Technik konnten die Verheerungen des zweiten Weltkrieges viel schneller unter Kontrolle gebracht werden als das bei früheren Kriegen möglich war, sodass schon etwa zwei Jahre nach seinem Ende der Weg in eine zumindest materiell bessere Welt klar zu sehen war.

Es ist übrigens offenkundig, dass über jeden dieser Punkte, wie auch über viele andere, die noch folgen werden, ganze Bücher geschrieben werden könnten (und auch geschrieben worden sind), sodass es frivol aussehen mag, sie so kurz abzutun, wie wir es hier müssen. Selbstverständlich können hier nur Umrisse geboten werden. Aber diese, und nur diese, sind notwendig, um dem eigentlichen Diskussionsthema die richtige Perspektive zu geben.

Während des Jahrhunderts von 1847 bis 1947 war die soziale Frage zwar naturgemäss keineswegs immer ganz im Vordergrund, aber auch niemals ganz davon entfernt. Hauptsächlich orientierten sich an ihr die politische Willensbildung, die Parteiung in den meisten Nationen. Hätte man damals öffentliche Meinungsumfragen gekannt, so hätten sie zweifellos ergeben, dass die meisten Menschen unter allen überpersönlichen Fragen dieser einen Frage, wenn nicht immer den ersten, so doch immer einen sehr bedeutenden Platz eingeräumt hätten.

Das ist nicht mehr so. Dem Jahrhundert der sozialen Frage ist quasi über Nacht die Ueberflussgesellschaft gefolgt - von der vor kurzem in einer Zeitung gesagt wurde, dass sie leicht eine Ueberdrussgesellschaft werden kann. Die sich daraus ergebenden Probleme, d.h. die Probleme des Wohlbefindens im Wohlstand, der Gefahren, die aus der hemmungslosen Nutzung der Natur entspringen, die Ueberbevölkerungskatastrophe, die Explosionen, die drohen, weil die Bändigung der Aggression bisher nicht gelungen ist - das sind Fragen, die heute die Menschheit bewegen. Von der sozialen Frage wird stillschweigend angenommen, dass sie eine Angelegenheit der Vergangenheit sei und dass die Ueberflussgesellschaft sie sozusagen automatisch gelöst habe.

Dieser Schein trügt. Und zwar trügt er infolge von Umständen, die sich aus der geographischen Beschränkung der Wohlstandsgesellschaft, aus schwachen Punkten in ihrer Struktur und aus der Natur der sozialen Frage selbst ergeben.

Die Geographie der Wohlstandsgesellschaft

Wie Gallien zur Zeit Julius Cäsar's, so besteht heute die ganze Welt aus drei Teilen: die entwickelten Länder des sogenannten Westens (die westliche Hälfte Europas, die U.S.A., Japan, einige frühere britische Dominions u.s.w.), der Ostblock (oder wenn man will, die zwei Ostblöcke - nach ihrer eigenen Bezeichnung, die "sozialistischen Länder") und die "Entwicklungsländer".

Dass in den Entwicklungsländern die soziale Frage nicht gelöst ist, bedarf kaum weiterer Ausführung. Bangla-Desh zum Beispiel ist kaum doppelt so gross wie Bayern. Die wirtschaftlichen Hilfsquellen sind spärlich. Und dort leben, wenn man das "leben" nennen kann, etwa 75 Millionen Menschen!

Der Ostblock ist für unser Thema nicht von direkter, primärer Bedeutung. Wir wollen uns hier nicht mit ihm befassen, obschon wir in späteren Kapiteln gelegentlich noch einiges dazu sagen werden.

Der Westen ist das Gebiet - aber auch das einzige Gebiet - in dem die Wohlstandsgesellschaft vorherrscht, von der so allgemein angenommen wird, dass sie die soziale Frage gegenstandslos gemacht habe. Diese optimistische Annahme gilt also bestenfalls für etwa ein Fünftel der Menschheit.

Worin aber besteht eigentlich die soziale Frage?

Statt "Thesen über Wesen" zur Lektüre zu geben, wollen wir mit der Betrachtung des Zeitpunktes einsetzen, in welchem die soziale Frage aufgeworfen wurde - also z.B., um einen willkürlichen, aber präzisierbaren Zeitpunkt zu nehmen; eben die Situation im Jahre 1847, als das Kommunistische Manifest erschien. Die Französische Revolution hatte über Europa gefegt (und Europa war damals "die Welt"). Die Ermattungspause, die ihr gefolgt war, lief aus. Die Revolution von 1848 stand vor der Türe - und war, wie sich bald herausstellte, von der Geschichte verdammt, die soziale Frage, die sie aufwarf, nicht zu lösen.

In der Welt von 1847 hatten schmale privilegierte Oberschichten zum mindesten ein materiell gesichertes und angenehmes Dasein, zum Teil üppigen Luxus. Alle andern, also fast die ganze Menschheit, die grosse Mehrheit der fortgeschrittensten Länder nicht ausgenommen, lebten im Elend. Die Bauern hatten zwar, im grossen und ganzen, zu essen, doch die Arbeiter niemals genug. Alle litten unter schlechter Behausung, es mangelte an Gesundheitspflege, von Komfort ganz zu schweigen. Alle standen sie unter dem Druck unmenschlich langer Arbeitszeit, von der Kinder keineswegs ausgenommen waren. Man lebte in Not von einem Ausmass, das uns heute unerträglich erscheinen würde und das man sich einfach nicht mehr vorstellen mag.

Manche nicht immer ganz desinteressierte Ideologen weisen uns darauf hin, dass auch reiche Leute tief unglücklich sein können. Sie erzählen uns von den munteren Burschen von anno dazumal, wie sie hungernd aber lachend durchs Leben tanzten. Dieses Spiel wollen wir hier nicht spielen. Viel eher wollen wir die paradoxe Tatsache, dass die unerträglichen Zustände im grossen und ganzen doch ertragen wurden, daraus erklären, dass keine Abhilfe sichtbar war. Die Produktivität von Boden und Fabriken war zu gering, es war einfach nicht genug da, um jedem ein nach unseren Begriffen menschenwürdiges Dasein zu sichern (wir sprechen hier immer nur von materiellen Dingen und nicht von geistigen Werten. Ob letztere auch ein Leben voll Hunger und Not herrlich machen können, geht uns hier nichts an).

Eine Neuverteilung der materiellen Güter durch soziale Reform oder durch Revolution wäre möglich gewesen. Sie hätte aber nur eine kleine Linderung der allgemeinen Not mit sich gebracht, dagegen den Reichtum völlig beseitigt. Dann wäre mit dem Luxus auch der gesamte "kulturelle Ueberbau" verschwunden: Ohne König kein Molière, ohne Klerus kein J.S. Bach; ohne Aristokratie kein Mozart.

So schienen die Konservativen (im weiten Sinne des Wortes) mit ihren Vorrechten auch alles das zu verteidigen, was das Leben erst lebenswert machte, wenigstens für sie. Die Kräfte wiederum, die sich gegen das bestehende System wendeten, waren davon befeuert, dass ihr Ziel - durch gerechtere Verteilung die Not und den Hunger zu lindern - so offenkundig edel war. Das Resultat war ein Jahrhundert tosenden Kampfes, ob er nun, wie es immer wieder geschah, mit brutalen Waffen geführt wurde, oder ob nichts toste als der Lärm der Wahlschlachten.

Das alles ist nun - in der Wohlstandsgesellschaft - vorüber. Die gegen die erstarrende Ordnung gerichteten Kräfte, vor allem die Arbeiterbewegung, konnten in der Tat eine gewisse Neuverteilung erzielen, während gleichzeitig die Produktivität der Gesellschaft eine so ungeheure Ausweitung erfuhr, dass es nun wirklich möglich wurde, jedem genug zu geben, ohne irgendjemandem etwas Wesentliches vorzuenthalten. In diesem Sinne scheint also Wirklichkeit geworden, dass in der Ueberflussgesellschaft die soziale Frage keine Frage mehr ist.

Die Sache sieht aber völlig anders aus, wenn man die soziale Frage nicht im Sinne des letzten Jahrhunderts als eine Frage des Kampfes der Klassen gegeneinander um einen grösseren Anteil an einem für alle zu kleinen Sozialprodukt betrachtet, sondern wenn man statt dessen vom individuellen Menschen ausgeht. Ein solcher Sichtwechsel ist sinnvoll, wenn nicht geradezu geboten, denn der individuelle Mensch ist das einzige, das in der wirren Vielfalt gesellschaftlicher Erscheinungen uns als die natürlichste, wesentlichste und bedeutungsvollste Einheit gegeben ist, als die einzige Einheit, die in biologischer Realität Bestand hat und nicht bloss in sozialwissenschaftlicher Abstraktion.

Wenn man sich von dem Gesichtspunkt abwendet, dass die soziale Frage nichts anderes sei als ein Objekt des Klassenkampfes, wenn man von kollektiven Machtpositionen, von Ideologien, von Prestige und von anderen zweifelhaften Zielen und Werten absieht, so bleibt dieser eine Kern: Die soziale Frage als Vorwurf, wie es sicherzustellen ist, dass jeder Mensch genug zu einem physisch menschenwürdigen Dasein hat.

Hat die Ueberflussgesellschaft diese Aufgabe gelöst?

Des Renaissancedichters François Villon's Seufzer "Il n'est trésor que de vivre à son aise" wurde, in etwas freier Uebersetzung zu "Nur wer im Wohlstand lebt, lebt angenehm". Lebt jeder Mensch, der in der Wohlstandsgesellschaft lebt, im Wohlstand?

Die Armut inmitten des Reichtums.

In der Zeit der Weimarer Republik hat ein satirischer Dichter einen unleidlichen Tatbestand sehr einfach zusammengefasst:

> "Ja, das sagt einem doch der gesunde
> Menschenverstand:
> Den letzten beissen die Hunde.
> Die letzten gehn immer zugrunde.
> Wer's ändern will, ist hirnverbrannt."

Die Ereignisse der letzten fünfzig Jahre haben die Gehirne von Millionen von Menschen wohl hinreichend verbrannt, sodass sie das nicht mehr als naturgegeben hinnehmen. Was bleibt für sie zu tun? Reichen Licht und Glanz der Ueberflussgesellschaft wirklich in alle Ecken? Oder gibt es noch dunkle Winkel, in denen die Not herrscht wie eh und jeh? Und wenn es sie gibt, müssen wir uns um sie kümmern?

Die Frage sollte einfach sein. Wer einen halbwegs freien Blick hat, kann diese Winkel ohne weiteres aufstöbern. Jeder von uns weiss von Menschen in Not. Oder wer ein so abgedichtetes Leben führt, dass er ihnen persönlich nie begegnet, kann leicht über sie lesen. Aber es sind, so sagt man, Einzelfälle. Und Einzelfälle haben heute wenig Prestige. So wie wir Sklaven der Organisationen und ihrer Computers geworden sind, so sind wir Sklaven der Schlagworte und der Statistik. Schlagworte waren immer dienstbar, die Statistik ist neu dazugekommen. Indessen, auch damit kann gedient werden: an Statistiken die die dunklen Winkel erfassen ist kein Mangel.

Wie zu erwarten, haben die U.S.A. am meisten auf diesem Gebiet produziert. Einkommensgrenzen wurden gesetzt: wer unter sie fällt, ist offiziell arm. Bei welcher genauen Ziffer die Grenzen zu ziehen sind, darüber lässt sich streiten und man ist auch tatsächlich zu verschiedenen Resultaten gelangt: nach manchen Angaben gibt es in den U.S.A. etwa 40 Millionen, nach anderen "nur" 20 Millionen Arme. Auch der Grad der Armut ist fraglich. Aber der amerikanische Senat hat Berichte empfangen, aus denen hervorgeht, dass Millionen von Kindern aus Mangel unterernährt sind, dass im reichsten Land der Welt Menschen buchstäblich verhungern.

Ein deutscher Bundesminister hat vor einigen Jahren die Oeffentlichkeit mit der beiläufig hingeworfenen Bemerkung verblüfft, es gebe in der Bundesrepublik eine halbe Million Obdachlose. Nicht für jeden klingt das erschreckend: die Figur des "fahrenden Gesellen" ist von Sang und freundlicher Sage umwoben, und gelegentlich "bei der grünen Bettfrau" zu schlafen, gehört zur Tradition der Jugendbewegung. Aber der romantische Zauber verblasst sehr schnell, wenn man nicht nur an kräftige junge Burschen und Mädel denkt, die ein paar Nächte im sommerlichen Wald verbringen.

Obdachlos sein heisst, dass eines der grundlegensten menschlichen Bedürfnisse ungedeckt ist (man kann vielleicht noch eher in einer Wohnung hungern als im Winter auf der Strasse sein) - und hier ist von einer halben Million Menschen die Rede! Das ist zwar nicht einmal 1% der Bevölkerung, aber doch weit entfernt von "Einzelfällen"!

Es ist auch gar nicht zu verwundern, dass es diese dunkeln Winkel noch gibt. Der Unterschied zwischen der Ueberflussgesellschaft und der früheren Mangelgesellschaft besteht nicht darin, dass früher wenige vieles hatten und die meisten wenig und dass jetzt jeder alles hat, sondern vielmehr darin, dass der Gesamtwohlstand riesig angewachsen ist und dass seine Verteilung sich wesentlich verbreitert hat, sodass jetzt nicht nur die Oberschicht viel mehr hat als einst, sondern auch die breite Masse des Volkes. Sagen wir, dass vor drei Menschenaltern 10% im Wohlstand lebten, 70% sich gerade durchbrachten, 20% unter drückender Armut litten, während heute diese 10% es noch besser haben, diese 70% gleichfalls im Wohlstand leben - aber die untersten 20%?

Die Ueberflussgesellschaft ist nämlich nie geplant oder auch nur beabsichtigt worden. Sie ist gekommen, weil die Automatismen des Kapitalismus das Sozialprodukt vergrössert haben und weil der Druck gewisser Gruppen für bessere Verhältnisse gesorgt hat. Die untersten Schichten, die an der Produktion wenig direkten Anteil haben und die sich nicht effektiv der Druckmittel bedienen können, sind dabei leer ausgegangen. Es ist kein Zufall, dass der von Armut gepeinigte Teil des Volkes nicht mehr, wie früher, aus jenen besteht, deren Arbeit das Sozialprodukt hervorbringt, sondern aus zersplitterten Gruppen, die damit wenig oder gar nichts zu tun haben: alte Menschen, Kinder, ethnische Minoritäten, Angehörige aussterbender Berufszweige u.s.w. Für alle diese besteht die Ueberflussgesellschaft nur als Umgebung: Dass es sie gibt, macht das Ertragen der Armut nicht leichter, sondern schwerer.

Die Lösungsversuche.

Wir haben nun dargestellt, dass die soziale Frage eine Realität ist. Ganz abgesehen von den "sozialistischen" Nationen des Ostblocks und von den "Entwicklungsländern", besteht sie hier, bei uns, im "Westen", in der "Ueberflussgesellschaft". Sie besteht und betrifft persönlich und direkt allerdings nur einen kleineren Teil der Bevölkerung, aber das heisst immerhin viele Millionen. Für diese ist sie buchstäblich eine Frage der Existenz. Für die menschliche Gesellschaft als Ganzes ist sie das in Wirklichkeit ebenfalls. Dies nach dem einfachen Prinzip, dass keine Kette stärker ist als ihr schwächstes Glied. Not und Degradierung schwärt als Krankheitsherd im gesamten Sozialkörper. Was wird getan, um diese Frage zu lösen?

In einer ersten Annäherung an den in der Wirklichkeit um einiges komplizierteren Sachverhalt können wir sagen, dass es im wesentlichen zwei Systeme gibt, das kapitalistische und das sozialistische, die, jedes auf ihre Art, an die Frage herantreten.

Was nun den Kapitalismus betrifft, so mag man zu ihm verschiedene Denk- und Gefühlseinstellungen haben. Man mag ihn verabscheuen, wie das seit mehr als hundert Jahren immer moderner wurde. Er mag als Prügelknabe für so ziemlich alles herhalten. Man kann aber auch der Meinung sein, dass er Grosses für die Menschheit geleistet habe und noch leiste und dass er ungeahnte Möglichkeiten der Freiheit und des Glücks eröffnete; dass der sprichwörtliche Krösus, sollte er wirklich das Geld erfunden haben, wie das manche Historiker glauben, einer der grossen Wohltäter der Menschheit war. All dies ist in unserem Zusammenhang unerheblich.

Als eine Methode zur Lösung der sozialen Frage (so wie wir sie umrissen haben) ist der Kapitalismus offenbar ungeeignet. Es muss anerkannt werden, dass man kein System dafür tadeln darf, dass es etwas nicht leistet, was es niemals versprochen hat. Man kann nicht behaupten, dass die Ideologen des Kapitalismus jemals ein richtiges Versprechen abgelegt hätten, die soziale Frage (im hier definierten Sinn: wie es sicherzustellen ist, dass jeder Mensch mindestens genug zum Leben hat) zu lösen.

Immerhin, die Verbindung des allgemeinen Wohlstands, eine Aera des allgemeinen Glücks und Behagens, das haben sie vorausgesagt - und in weitem Umfang auch erfüllt. Aber die Erfahrung zweier Jahrhunderte (das grosse klassische Werk, Adam Smith's "Untersuchung über das Wesen und die Ursachen des Volkswohlstandes", wurde im Jahre 1776 veröffentlicht) hat die Grenzen dieser Möglichkeiten aufgezeigt. Es ist heute klar und eigentlich unbestritten, dass mit kapitalistischen Methoden allein die soziale Frage nicht gelöst werden kann.

Auch die Ideologen des Kapitalismus, soweit sie ernst zu nehmen sind, behaupten bestenfalls, dass der Kapitalismus grosse Vorteile gegenüber jedem anderen System habe und dass man dafür seine Unfähigkeit, die soziale Frage völlig zu lösen, in Kauf nehmen solle. Oder aber, dass der Kapitalismus hinreichend modifiziert werden könne und dass durch Einfügung von ihm an sich wesensfremden Methoden eine solche Lösung zu finden sei. In der Tat haben die sogenannten kapitalistischen Länder in der Milderung sozialer Notstände sehr wesentliche Fortschritte gemacht. Dieses jedoch hauptsächlich durch Massnahmen, die man nur als Abweichung von den Prinzipien des Kapitalismus verstehen kann. Diese Reformen haben zu dem geführt, was man heute den Wohlfahrtsstaat nennt.

Das bringt uns zu einer methodischen Betrachtung, die von allgemeiner Bedeutung ist und für unsere Studie von besonderer Wichtigkeit. Wir haben vorher von zwei grossen Lösungsversuchen gesprochen. Aber dies war eben nur eine Annäherung: den verfeinerten Kategorien, in denen die moderne Wissenschaft denkt, wird sie nicht gerecht. Die gegenwärtigen Bemühungen um das Verständnis der menschlichen Gesellschaft betrachten die Phänomene, mit welchen sie sich zu befassen haben, nicht unter dem Gesichtswinkel von Gegensatzpaaren, wie eben z.B. Kapitalismus und Sozialismus. Die heutige Wissenschaft fasst die Natur nicht als eine Gegenüberstellung statischer Blöcke auf, sondern sie hat das alte Prinzip "Natura non facit saltus" in neuer statistisch durchdachter Form aufgenommen und unterstreicht den eher fliessenden Charakter der Erscheinungen. Besser als durch Gegensatzpaare erfasst man die Wirklichkeit mittels der bipolaren Linie: Es stehen sich also nicht etwa Kollektivismus und Kapitalismus gegenüber, als ob alle anderen Systeme bestenfalls Mischformen der beiden wären, sondern es gibt vielmehr eine unendliche Vielfalt von Methoden, die längs einer Linie aufgereiht werden könnten und an deren einem Pol der radikalste, ungehemmte Kapitalismus und an deren anderem Pol der ebenso absolute Sozialismus steht.

Der Preis der Lösung.

Die Verantwortung des Sozialismus in Bezug auf die soziale Frage ist eine ganz andere als die des Kapitalismus. Der Sozialismus nämlich kann die soziale Frage lösen und war in seinem Ursprung darauf ausgerichtet. Man hat den Sozialismus zu dem Zwecke erfunden, die soziale Frage zu lösen. Dass er es kann, ist dadurch, wenn nicht erwiesen, so doch hinreichend wahrscheinlich gemacht, dass es in den Ländern des Ostblocks in gewissem Grad gelungen ist. Die soziale Frage in der Form, in der wir im Westen unter ihr leiden, existiert dort kaum mehr.

Das Problem, dem dort die Priorität zukommt, ist vielmehr ein anderes, nicht unbedingt weniger zentrales, nämlich, welchen Preis verlangt diese Lösung? Der Ironie der Ideologen des Kapitalismus kann Treffsicherheit nicht abgesprochen werden. So sagte z.B. Präsident Eisenhower, er wisse nur von einem Platz, wo vollkommene ökonomische Sicherheit gewährleistet sei, nämlich dem Gefängnis.

Von beiden Polen abgestossen und unbefriedigt, pendelt die öffentliche Meinung und das ausgleichende Planen der Regierungen unsicher hin und her. Seit Jahrzehnten geht die soziale Politik der freien Welt keinem grossen Leitbild nach. Vielmehr wird versucht, hier und dort die hässlichsten Risse im Gewebe der Gesellschaft zu flicken. Man hofft, mit etwas Glück und Geduld einen Kompromiss zwischen Kapitalismus und Sozialismus erarbeiten zu können, mit dem es sich leben lässt.

Das System dagegen, das Popper-Lynkeus mit dem Namen "Allgemeine Nährpflicht" versehen hat, bietet nicht so sehr einen Kompromiss als eine Kombination beider Systeme. Es gewinnt dadurch Anspruch auf seinen eigenen Platz auf der bipolaren Linie, an deren Polen, wie gesagt, Kapitalismus und Sozialismus stehen.

Jede Legierung von Kapitalismus und Sozialismus darf hoffen, die Vorteile beider Systeme in sich zu vereinen, muss aber die Gefahr laufen, an den Schwächen beider zu leiden. Wir haben kein Recht, für die "Allgemeine Nährpflicht" eine Ausnahme von dieser Regel in Anspruch zu nehmen. Ein ernsthafter Befürworter der "Allgemeinen Nährpflicht" müsste darzustellen versuchen, dass dieses System erstens die soziale Frage lösen kann (was der Kapitalismus nicht kann) und dass zweitens der Preis akzeptabel ist - was für den Sozialismus in den Augen unserer westlichen Welt nicht zutrifft.

Wir werden den Plan im einzelnen darlegen, dem Mann, von dem er stammt, unsere Aufmerksamkeit schenken und uns dann der Frage zuwenden, ob diese beiden Beweise erbracht werden können.

Zweites Kapitel: Der Vorschlag zur Lösung

Grundlegendes

Die soziale Frage besteht. Sie schreit nach vollkommener Lösung. Da sie nicht mehr, wie noch zur Zeit von Popper-Lynkeus, die grosse Mehrheit des Volkes direkt betrifft, sondern, in unserer westlichen Welt nur mehr zerstreute Minderheiten, wird der Schrei nicht immer vernommen. Ihn zu überhören ist aber weder moralisch verantwortbar, noch für unser aller Frieden und Wohlergehen ungefährlich.

Es ist deshalb nicht leicht, in dieser Frage objektiv zu sein. Aber danach müssen wir streben. Wir wollen in diesem Kapitel darstellen, wie Popper-Lynkeus die soziale Frage sieht und was er zu ihrer Lösung vorschlägt. Wir werden in späteren Kapiteln die wesentlichen Elemente seines Planes durchleuchten, die Für und Wider erörtern.

Popper-Lynkeus veröffentlichte sein erstes Buch, "Das Recht zu leben und die Pflicht zu sterben", im Jahre 1878, kurz vor seinem 40. Geburtstag. In diesem Buch sind die meisten seiner Ideen, wenigstens im Keim, enthalten. Was er in den weiteren 43 Jahren seines Lebens schrieb, waren Ausarbeitungen und Detaillierungen. Das ist übrigens nicht so ungewöhnlich: Man denke an Marx, der noch nicht 30 war, als er mit dem um 2 Jahre jüngeren Friedrich Engels das Kommunistische Manifest schrieb. Seine späteren Werke entwickelten die dort proklamierten Ideen. Eine der im "Recht zu leben" kurz skizzierten Ideen ist ein Plan zur Lösung der sozialen Frage. Ihm hat Popper-Lynkeus später ein umfassendes Buch gewidmet, "Die Allgemeine Nährpflicht". Dieses verhält sich zum früheren Werk wie etwa "Das Kapital" zum "Kommunistischen Manifest".

Da es Popper-Lynkeus darauf ankam, die Durchführbarkeit seines Programms zu zeigen, musste er es an Hand einer bestimmten Situation illustrieren. Sei es aus persönlicher Vorliebe, sei es, weil besonders gutes statistisches Material zur Verfügung stand, wählte er das Deutsche Reich. Er nahm eine Bevölkerung von 70 Millionen an (die 1. Auflage der "Allgemeinen Nährpflicht" erschien 1912; die Bevölkerung des Reichs hatte 60 Millionen überschritten und war in raschem Anwachsen). Vorsichtigerweise rechnete er aber mit keinen technischen Fortschritten, die erst in der Zukunft lagen, sondern basierte seine Berechnungen auf die deutschen Statistiken von der Zeit vor 1912 und auf die damals neueste technische und wissenschaftliche Bibliographie. Eine 2. Auflage erschien 1923, aus dem Nachlass. Popper-Lynkeus hatte sie vor seinem Tod (1921) druckfertig gemacht, doch nur wenig geändert. Es liegt also auch dieser Auflage im wesentlichen die Situation von 1912 zugrunde, obwohl sich inzwischen wirtschaftliche und technische Möglichkeiten weiterentwickelt hatten und das Deutsche Reich nicht mehr in seiner alten Ausdehnung bestand.

In diesem Kapitel legen wir den Plan nach der Ausgabe von 1923 vor, wobei wir gelegentlich andere Schriften von Popper-Lynkeus (vor allem "Das Recht zu leben") heranziehen. Zitate sind, wo nicht anders gekennzeichnet, aus der "Allgemeinen Nährpflicht", Auflage 1923. Wir beschränken uns hier auf einen Bericht und behalten uns die kritische Diskussion für später vor. Bemerkungen über den geschichtlichen Boden, aus dem der Plan entsprungen ist, flechten wir nur ein, wo es uns unerlässlich erscheint. Modifikationen merken wir dort an, wo wir sicher sein können, dass Popper-Lynkeus sie selbst gemacht hätte, hätte er sich auf die Erfahrungen der letzten 60 Jahre stützen können. Wir sind der Ueberzeugung, dass ein derart modifiziertes Programm eher als das authentische betrachtet werden kann, als wenn wir starr am Buchstaben hielten.

Er geht von dem einzigen aus, von dem man logischerweise bei der Aufstellung eines Programms ausgehen kann - die moderne Philosophie hat ihm hier gegen den Marxismus und andere Systeme Recht gegeben - von einer Grundforderung, einem Grundwert. Er spricht von einem "Grundgefühl"; "Das Gefühl der Achtung vor der Existenz jedes menschlichen Individuums .... Jenes Grundgefühl nun verlangt die Verpflichtung aller, jedem, ohne Ausnahme, die notwendige Lebenshaltung zu sichern" (AN, S. 6). Popper-Lynkeus hat dieses Gefühl niemals religiös verankern wollen. Heutige Christen werden vielleicht sagen, dass es ein essentiell christliches Gefühl sei, vielleicht sogar, dass es das eigentliche Wesen des Christentums ausdrücke.

Der fundamentale Wert also, den Popper-Lynkeus postuliert, ist die absolute Unverletzlichkeit jedes menschlichen Lebens. Seine Forderung ist, dass der Staat verpflichtet sein soll, jeden seiner Bürger gegen Hunger und Not zu schützen - er soll vor den "Qualen des Mangels", den seelischen wie den körperlichen, geschützt sein. In einer gesitteten Gesellschaft dürfe kein Individuum gegen seinen Willen materielle Not leiden; es dürfe auch nicht für die Fernhaltung dieser Not von dem Willen anderer - einzelner oder Gruppen - abhängig sein. Die Wendung "gegen seinen Willen" ist wohl nur des intellektuellen Purismus wegen da, denn der Menschen, die willentlich materielle Not leiden, gibt es wohl wenige und sie stellen einen derartigen Sonderfall dar, dass man sie nicht in Betracht ziehen muss.

Es lässt sich manches für und gegen diese Grundforderung sagen, aber nichts, was das Wesentliche betrifft: Denn das Wesentliche ist eben, dass eine solche Grundforderung logisch keiner Begründung fähig ist. Man nimmt sie an oder man lehnt sie ab. In unserer Zeit ist es klarer als es zu Popper-Lynkeus' Zeiten war, dass sich ziemlich jeder zu dieser Forderung bekennt, wenn man auch zweifeln darf, ob es nicht in manchen Fällen ein blosses Lippenbekenntnis ist. Meistens ist es jedoch mehr, besonders seit nach dem 2. Weltkrieg der Einfluss der alten amerikanischen demokratischen Tradition so stark wurde.

An einer Stelle der AN (S. 83) zitiert Popper-Lynkeus einen seither verständlicherweise in Vergessenheit geratenen Professor, der die "Dauernden Interessen der Nation" mit der schönen Begründung über die der "zeitweiligen Konsumenten" (d.h. der lebenden Generation) stellte, dass diese "auch in ihrer Gesamtheit im Leben der Nation keine grössere Bedeutung besitzen, als im Leben des Baums die Blätter". Man stelle sich vor, wenn man kann, dass so etwas in den U.S.A. veröffentlicht würde (ausser natürlich in einem Witzblatt)! Amerika, wie schon Goethe sagte, du hast es besser!

Die Lösung als Programm.

Es mag vielen Menschen nicht sehr wichtig oder dringlich erscheinen, dass das heute so allgemein anerkannte prinzipielle Bekenntnis auch in die soziale Tat umgesetzt werde. Denn sie selbst und die meisten ihnen bekannten Menschen - in der Tat die grosse Mehrheit - sind ja imstande, auch ohne einen solchen Plan, mehr oder weniger schlecht und recht die Not abzuwehren. Niemals aber, und dies in keiner Gesellschaftsform - ausser vielleicht in kleinen, meist religiös orientierten, genossenschaftlichen Siedlungen, die denn auch mit Popper-Lynkeus' System Aehnlichkeit haben - ist dies a l l e n Menschen möglich gewesen.

Popper-Lynkeus schlägt vor, dass der Staat eine Institution errichten soll, die allen Menschen die Grundbedürfnisse, die er das "Minimum" nennt, zuteilt. Die zu verteilenden Güter sollen nicht vom Staat aus "Steuergeldern" gekauft, sondern von der Minimuminstitution direkt mittels einer nahezu ebenso allgemeinen Arbeitspflicht produziert werden: "Durch Einführung der allgemeinen Nährpflicht, die wir der allgemeinen Wehrpflicht an die Seite stellen wollen behufs bedingungsloser Verteilung eines Existenzminimums in n a t u r a .... Wir wollen das Recht jedes Menschen auf sorgenlose physische Existenz anerkennen, so wie wir sein Recht auf Schutz vor dem Feinde durch Errichtung eines Kriegsheeres anerkennen" ("Das Recht", S. 85).

"Was des Bürgers Fleiss geschaffen, schütze treu des Kriegers Kraft! Mit des Geistes heitern Waffen ....." Jedem, der alt genug ist, Haydn's Melodie noch mit diesem Text im Ohr zu haben, klingt durch Popper-Lynkeus' Prosa der Text der "Volkshymne" durch. Dass Popper-Lynkeus ein Wort gewählt hat, dass so in Sinn und Laut an "Wehrpflicht" erinnert, zeigt, dass er die Notwendigkeit empfand, seiner Zeit, in der eben die Wehrpflicht etwas Normales war (natürlich nur "zum Schutz des friedlichen Bürgers gegen den räuberischen Feind"), der Schutz gegen Not aber nicht, etwas zu bieten, das man als eine Ausdehnung von schon Akzeptiertem verstehen konnte. Diese Wahl drückt nicht etwa eine Sympathie gegenüber der

Wehrpflicht aus: zu ihr hat er in dem schon erwähnten Buch "Das Recht" und in späteren Schriften eine ablehnende Haltung eingenommen. Eher schon kann der Name als ironisches Wortspiel aufgefasst werden.

Was das Popper-Lynkeu'sche System von anderen Versuchen zur Lösung der sozialen Frage oder Theorien über diese, die oft mehr Wünsche als Theorien sind, so radikal unterscheidet, ist die Tatsache, dass es sich hier um ein P r o g r a m m handelt, um einen rechnerisch ausgearbeiteten Plan. Wir sind hier weder in der Gedankenwerkstatt des Utopismus, in der Wunschbilder (oder, neuerdings öfter, Schreckbilder) projiziert werden, noch in der des Marxismus, der, solche Projektionen geflissentlich vermeidend, nach der Erkenntnis dessen strebt, was ist, und vermeidet, das zu proklamieren, was sein soll.

Popper-Lynkeus beschränkt sich darauf, die soziale Frage als "Magenfrage" zu behandeln. Er findet Gefallen an diesem sonst eher abfällig gebrauchten Ausdruck, weil er so betont nüchtern ist und so weit entfernt von aller Metaphysik und "Sinngebung des sozialen Lebens". Die Menschen müssen zu essen haben, sagt er damit; andere Probleme können warten oder von andern behandelt werden. So wie der Krieg als zu ernstes Geschäft gilt, ihn den Generälen zu überlassen, so kann man, meint er, die soziale Frage nicht den Politikern und den Wissenschaftlern überlassen.

Ihn interessierten nicht "statistisches Leid". Obdachlosigkeit, Hunger, unzureichende Bekleidung, mangelnde ärztliche Hilfe werden von Einzelmenschen erlitten und oft sind das die in der Gesellschaft am geringsten Geachteten.

Allerdings summieren sich die Einzelschicksale. Besonders zur Zeit, in der Popper-Lynkeus arbeitete, ergaben sie eine überwältigende Menge von Elend und dies auch in den hochentwickelten Industrieländern. Wie wir bemerkt haben, ist diese Tatsache noch heute aktuell, nur in herabgemindertem Umfang. Popper-Lynkeus bemüht sich, "warmen Herzens und kühlen Kopfes" die Massennot zu betrachten. Er sieht als ihre verheerenden Folgen die zahllosen Selbstmorde und anderen Verzweiflungsakte, die Raffsucht, die sich Menschen in ökonomisch unsicherer Lage fast aufzwingt, vermeidbare Krankheiten, Verbrechen an Eigentum und Leben und vor allem die Furcht und Angst vor dem Damoklesschwert der Not, das über jedem hängt. Wie weit die Beseitigung der Not auch tatsächlich Erscheinungen wie Eigentumsdelikte beseitigen würde, dafür hatte er freilich noch kein empirisches Material.

Die Not war also nicht etwa zu lindern. Sie musste beseitigt, gebannt, unmöglich gemacht werden. Auch die Furcht vor der Not musste verschwinden. Die zehrende und demoralisierende Notwendigkeit, sich vor ihr zu schützen, der menschenunwürdige Zustand, dass ein Mensch von Willen und Willkür anderer abhängt - all das musste weg. Dabei war es für Popper-Lynkeus gleichgültig, ob die Not das Resultat allgemeiner oder privater Krisen oder individueller Unzulänglichkeit war. Auch eine Seuche muss bekämpft werden, was immer sie auch verursacht haben mag. "Niemals darf das totale Minimum irgend jemandem aus welchem Grunde auch immer vorenthalten werden, denn wie verfahren wir heute selbst mit den Verbrechern? Wir halten sie aus. Also müssen wir auch die faulen Arbeiter aushalten ....."

(S. 257).

Dieselbe Hochschätzung des konkreten Individuums gegenüber den abstrakten Klassen oder anderen Gruppen, die Popper-Lynkeus zu seiner Grundforderung führte, liess ihn auch die "Privatkrisen" gewissermassen entdecken. So klar es ist, dass die grossen Wirtschaftskrisen und politischen Umwälzungen ungezählte Menschen schuldlos in den wirtschaftlichen Untergang reissen, so wenig hatten Wissenschaft und Sozialpolitik beachtet, dass verhältnismässig kleine, aber doch über den Verteidigungsbereich des Einzelmenschen hinausgehende Verschiebungen in seiner sozialen Umgebung dieselben katastrophalen Wirkungen haben können: ein Diebstahl, ein Brand, aber auch eine Aenderung im Charakter eines Wohnviertels können einen Laden oder eine Werkstatt, die einer Familie gerade das Leben ermöglicht haben, unhaltbar machen. Dichter haben das längst gewusst: was für eine Welt von Privatkrisen steckt nicht in einem Roman von Balzac!

Gegen Privatkrisen, so meint Popper-Lynkeus, schützt nur ein System, das jeden bedingungslos schützt. Diese Gedankengänge, zu einer Zeit entwickelt, als der Kleinbetrieb noch eine typische Wirtschaftsform war und bevor das Versicherungswesen seine moderne Vielfalt erreicht hatte, sind nicht so sehr in sich selbst ein Kernstück seines Plans, als ein besonders klares Beispiel seiner Sorge um die sonst Uebersehenen. Die Staatsgewalt seines Wunschbildes sollte sich um jeden Menschen so kümmern, wie jener Gott, ohne dessen Willen kein Spatz vom Dache fällt! Hier ist der Keim des Wohlfahrtsstaates - während den Staatsgewalten seiner Zeit die Menschen nichts anderes waren als Spatzen, die vom Dach fallen. Zwei Jahre nach der Veröffentlichung der "Allgemeinen Nährpflicht" brach der 1. Weltkrieg aus und wie Spatzen fielen die Kaiserreiche, aus deren Statistiken Popper-Lynkeus seinen Plan errechnet hatte.

Die Nährpflicht: Das "Minimum".

Die Antwort, die Popper-Lynkeus auf die soziale Frage gibt, ist einfach: Die Nährpflicht. Das heisst, der Staat soll jedem Menschen, einfach weil er ein Mensch ist, bedingungslos alles zum Leben Notwendige zuteilen. Die Schlichtheit der Lösung verblüfft, bis man sich vor Augen hält, dass eine grosse Frage nicht notwendigerweise komplizierter ist als eine kleine.

Die Güter und Dienstleistungen, die zugeteilt werden sollen, fasst er unter dem Namen "Minimum" zusammen. Dieses würde natürlich alle Wohlfahrtszuwendungen, die meisten Sozialversicherungsleistungen u.s.w. ersetzen. Es würde aber keineswegs auf Menschen beschränkt sein, die in der gegenwärtigen Gesellschaft aus Sozialleistungen ihr Einkommen beziehen, sondern - das kann nicht genug betont werden - allen zukommen.

Nicht so sehr, weil die Einführung der Allgemeinen Nährpflicht die allgemeine und gesamte Wirtschafts- und Sozialordnung von Grund auf umwälzt, sondern vor allem, weil es jedem ermöglicht werden muss, absolut auf sie zu bauen, soll sie im Gesetz fest verankert werden, wohl in einem Grundgesetz oder einer Verfassungsbestimmung niedergelegt werden.

Für die Vorbereitung, Durchführung und schliesslich Verwaltung des gesamten Plans soll eine besondere Behörde geschaffen werden. Popper-Lynkeus nennt sie "Ministerium für Lebenshaltung". Da die allgemeine Nährpflicht grössere Bedeutung erlangen wird als viele andere Staatsfunktionen zusammen genommen, wird diesem obersten Amt eine höhere und unabhängigere Stellung zu geben sein als den gewöhnlichen Departements der Regierung. Popper-Lynkeus sieht z. B. vor, dass im Eisenbahnverkehr - und dieser ist die einzige Form der Fernbeförderung, die er ins Auge fasst - den Frachten des Ministeriums für Lebenshaltung Vorrang gegeben werden soll. "Ungefähr so, wie ihn heute Militärtransporte vor allen anderen besitzen" (S. 345).

Nun darf man sich unter dem Minimum nicht etwa eine Leistung vorstellen, die gerade noch ausreicht, das Leben zu fristen. Vielmehr legt Popper-Lynkeus der Bemessung des Minimums den Lebensstandard des Mittelstandes seiner Zeit zugrunde. Er spricht von einer "anständigen", einer "behaglichen" Lebensführung, die durch das Minimum sicherzustellen sei; von der Summe von Gütern und Diensten, die "zu einer in physiologischer und hygienischer Beziehung behaglichen Lebenshaltung notwendig ist" (S. 133). Er unterscheidet "primäre" und "sekundäre" Bedürfnisse. Von den letzteren werden wir alsbald sprechen.

Die primären Bedürfnisse sollen durch Zuteilung in natura gedeckt werden. Er zählt sie auf: "Nahrung, Wohnung und Wohnungseinrichtung, Kleidung, Heizung und Beleuchtung, ärztliche Hilfe, Kranken- und Alterspflege, Medikamente und Bestattung" (S. 133).

Eine derart nüchterne Liste würde an sich nicht viel bedeuten. Worauf alles ankommt ist, wie in diesem Rahmen die einzelnen Güter bemessen werden sollen. Denn davon hängt es ja ab, wie "behaglich" sich die Lebensführung unter dem Popper-Lynkeus'schen System faktisch gestalten würde. Die Frage der Bemessung im Detail ist natürlich auch vor allem deshalb von überragender Wichtigkeit, weil sie das konkrete Erfordernis bestimmt und damit die Grundlage für die Frage abgibt, wo der Staat die Güter hernehmen soll, die er verteilen will.

Auf den ersten Blick mag es sinnlos erscheinen, im voraus festzulegen, wieviel Salz ausgegeben werden soll (Popper-Lynkeus rechnet mit 7 $\frac{1}{2}$ kg pro Kopf und Jahr, S. 273), oder wieviel Schuhe erforderlich sein werden (hier fand er, dass in Deutschland im Jahre 1895 etwa 1,8 Paar Schuhe pro Person konsumiert wurden und stellt 2 $\frac{1}{2}$ Paar pro Person und Jahr ein, S. 323). Zwischen dem Zeitpunkt, in dem der Plan entworfen wurde und dem, in welchem er nach einer Uebergangsphase zum regelrechten Funktionieren kommt, werden bestenfalls viele Jahre verstreichen. Weiss man denn, ob dann die Leute überhaupt noch Schuhe tragen werden? Wäre es nicht sinnvoller (und demokratischer), die Details der Generation zu überlassen, in deren Händen die Ausführung liegen würde?

Genauer besehen ist jedoch der Versuch, das Minimum in allen Einzelheiten festzulegen, durchaus sinnvoll, ja sogar unentbehrlich. Denn nur so ist es möglich, das Erfordernis genau durchzurechnen und dadurch abzuschätzen, wie es gedeckt werden kann. Somit werden die Fakten geliefert, auf Grund deren ein vernünftiges Urteil darüber gefällt werden kann, ob der Plan durchführbar ist und ob seine Kosten (im weitesten Sinne des Wortes) tragbar erscheinen.

Popper-Lynkeus hat also, wie schon erwähnt, das Deutsche Reich in seiner Ausdehnung von 1914, mit einer Bevölkerung von 70 Millionen, mit den technischen und wirtschaftlichen Mitteln, die damals vorhanden waren, als Beispiel angenommen. Er war sich darüber klar, dass in einem anderen Klima, bei anderen Sitten, mit anderem wirtschaftlichen und technischen Potential, die Rechnung anders ausgehen würde. Seine Arbeit war solid, weil die meisten Aenderungen in dieser Hinsicht - vor allem dank technischen Fortschritten - den Plan eher noch erleichtern würden (von "Entwicklungsländern", auf die wir noch zu sprechen kommen, ist hier abzusehen). Er hat also den Beweis der Durchführbarkeit seines Planes unter verhältnismässig ungünstigen Bedingungen erbracht, sodass seine Ausführungen umso beweiskräftiger sind.

Die Bemessung des Minimums.

Es kann gar nicht genug betont werden, dass Popper-Lynkeus seine Berechnungen auf der Grundlage der damaligen Konsumgewohnheiten, wie sie sich aus Haushaltungsstatistiken und ähnlichem Material ergaben, sowie auf Grund der damals anerkannten wissenschaftlichen Grundsätze anstellte. Das gilt sowohl für die zu deckenden Bedürfnisse, wie auch für die Organisation der Produktion. Schriebe er heute, würde er zweifellos anderes Zahlenmaterial verwenden.

Die Ernährungswissenschaft z.B. ist in diesen 60 Jahren nicht still gestanden. Es wird heute angenommen, dass der Mensch mit weniger Kalorien auskommen kann, als dies aus den Berechnungen von Popper-Lynkeus hervorgeht. Man weiss heute, dass man sogar mit weniger besser auskommen mag, dass aber auf der anderen Seite grössere Abwechslung und hochwertigere Nahrungsmittel zu einer zuträglichen Diät gebraucht werden, als dies zu Beginn unseres Jahrhunderts gemeinhin angenommen wurde.

Kein Nahrungsmittel wird von der Tradition dermassen erhoben, fast geheiligt, möchte man sagen, wie das Brot. Popper-Lynkeus betrachtet es als ein Hauptnahrungsmittel und setzt als das Minimum für den durchschnittlichen erwachsenen Mann etwa $1/2$ kg pro Tag an. Mit Hilfe einer komplizierten Rechnung, die er für alle Nahrungsmittel durchführt und auf die wir hier nicht näher eingehen wollen, bestimmt er die entsprechenden Werte für Frauen, Kinder, Greise und Kranke. Auf diese Weise gelangt er zu Durchschnittswerten für die Gesamtbevölkerung und damit zu einer Ziffer für das Gesamterfordernis:

"Es wird vorausgesetzt, dass die Hausbäckerei aufhören wird. Dann können für Herstellung der 10 Millionen Tons Brot im ganzen Reich zirka 30'000 Bäckereien verteilt werden, wobei in jeder 4 Arbeiter und 3 bis 4 Austeilerinnen (gegen Marken oder Anweisungen) beschäftigt sind. Die Ofenheizung wird zirka 2 1/2 Millionen Tons Kohle beanspruchen. (Die Grunddaten nach Losch, Brauns Archiv, Bd. 6, S. 316 u. a. ....)" (S. 312).

Man fühlt sich eher in die Welt des Films "La femme du boulanger" versetzt, als in den Bereich der modernen Industrie, wenn man das liest. Man darf aber nicht übersehen, dass der Durchschnitt von 7-8 Angestellten pro Bäckerei sich offenkundig daraus ergibt, dass sowohl eine Anzahl grosser, als auch eine Anzahl sehr kleiner Betriebe in diese Ziffer eingehen. In Aimable's Bäckerei im erwähnten Film von Pagnol arbeiteten z. B. bloss der Bäcker und seine Frau, dies zum Vergleich mit dem oben erwähnten Durchschnitt von 7-8 Angestellten. Man kann auch annehmen, dass Popper-Lynkeus mit so vielen so kleinen Betrieben nicht so sehr deshalb rechnete, weil diese Betriebsgrösse damals vorherrschend war, sondern eher deshalb, weil der schnelle Transport, der ja erst mit dem Lastauto kam, zu jener Zeit nicht verfügbar war. Aus diesem Grunde mussten die Bäckereien in der Nähe der Konsumenten sein, wenn letztere über frisches Brot verfügen wollten, und darauf legte man damals allgemein mehr Wert als heute, was vielleicht nicht unbedingt für unsere Lebensgewohnheiten und Wertskalen spricht. Wie dem auch immer sei, das Brot bietet ein ausgezeichnetes Beispiel der Popper-Lynkeus'schen Arbeitsmethode und der Aenderungen, die sich heute mühelos ergeben würden, ohne im übrigen die Gesamtresultate der Durchrechnung des Plans allzusehr zu beeinflussen.

Es darf auch bemerkt werden, dass Popper-Lynkeus an dieser Stelle nicht in den Fehler verfällt, der sich so leicht einschleicht, anzunehmen, dass, weil die Verteilung der Güter ohne Austausch von Geld oder Geldeswert erfolgen soll, sie deshalb ohne Personal vor sich gehen könnte. Für diesen Zweck nimmt er sogar eine verhältnismässig hohe Ziffer: auf eine "Austeilerin" kämen etwa 600 Einwohner.

Bevor wir über das Beispiel des Brots hinausgehen und uns der Gesamtheit der von Popper-Lynkeus gegebenen Ziffern zuwenden, sei daran erinnert, dass es sich hier um ein Minimum handelt - ein Minimum des "anständigen" Lebens zwar, aber doch eben nur ein Minimum. In anderen Worten, man muss sich dieses Minimum als aus zwei Quellen ergänzt vorstellen: dem sekundären Minimum und der Privatwirtschaft. Von beiden wird die Rede sein.

Was die Ernährung betrifft, so nimmt Popper-Lynkeus an, dass sie nach Wahl des Einzelnen in drei Formen erfolgen könne: rohe Lebensmittel werden aus dem staatlichen Magazin geholt und zu Hause gekocht; man isst in einem Staatsrestaurant; oder man holt aus einem solchen fertige Speisen. Die Liste der zu verteilenden

Lebensmittel gibt er, ohne auf diese Unterschiede weiter einzugehen, mit folgenden Werten pro Kopf und Jahr an (ausser der Milch, in kg):

Fleisch	100
Brot	167
Kartoffeln	167
Butter	16
Käse	5
Milch	50 Liter
Zucker	30
Salz	7 1/2 (S. 270-273)

Er bemerkt dazu: "Hiemit hätten wir die Liste der Hauptartikel für die Ernährung so ziemlich erschöpft. Die sekundären Genuss- und Reizmittel, wie: Pfeffer, Senf, selbst Obst, mögen in welcher Art immer mitberücksichtigt werden, so werden sie doch die Zahlen der Gesamtproduktion und Beschaffung an Nahrungsmitteln und also auch die Grösse der Nährarmee in keinem wesentlichen Masse beeinflussen können, und ich berücksichtige daher dieselben nicht" (S. 273).

Es ist nicht ganz klar, was Popper-Lynkeus angenommen hat, dass die Leute mit ihren 30 kg Zucker pro Kopf und Jahr machen werden. Er geht von der Annahme aus, dass "Kaffee und Tee, als zwar sehr gewohnte, aber nicht unentbehrliche Genussmittel", im Rahmen der Minimum-Wirtschaft nicht verteilt werden (S. 273).

Die obigen Ziffern sind Korrekturen für Alter, Geschlecht und Gesundheitszustand zu unterwerfen. Popper-Lynkeus errechnet einen durchschnittlichen Tageskonsum von 2756 Kalorien, was einem Tageskonsum von 3677 Kalorien per erwachsenen Mann auf der Basis einer Bevölkerung von 60 Millionen entspricht. Auf eine Bevölkerung von 70 Millionen bezogen, läge das Konsumniveau des erwachsenen Mannes noch gut über 3100 Kalorien pro Tag. Diese Zahl galt damals als wissenschaftlich fundiert (heute nimmt man geringere Kalorienwerte an). Der merkwürdige Umschweif dieser Berechnung ergibt sich aus der Tatsache, dass Popper-Lynkeus ein Buch von Atlanticus benützte, der seinerseits seine Berechnungen für eine Bevölkerung von 60 Millionen ausführte.

An Wohnungen sind zwei Haupttypen vorgesehen:

"Bezüglich des Ausmasses der Wohnungen wird die Minimum-Institution folgendes bieten:

Für Einzelpersonen 1 Zimmer und 1 Vorzimmer; für Familien durchschnittlich 2 Zimmer, Kabinett, Vorzimmer und Küche. Die erstere Wohnungskategorie hätte eine Bodenfläche von 45 qm, die letztere von cirka 100 qm. Die Zimmerhöhe nehmen wir zu 3 1/2 Meter an" (S. 287).

Elektrische Beleuchtung und Kochen und Heizung mit Gas sind vorgesehen, ebenso Mobiliar etc. Manches ist detailliert ("von Glasgegenständen pro Kopf 3 gewöhnliche

Gläser, 3 Flaschen, das nötige Fensterglas schon mit den Fenstern, einen Spiegel, ferner 6 kg Seife pro Kopf und Jahr" (S. 288), bei anderem, wie z.B. Möbeln, sind keine Details gegeben. Badezimmer sind nicht erwähnt.

Von den Schuhen haben wir bereits gesprochen. An Kleidung zählt Popper-Lynkeus u.a. auf: "Für jeden männlichen Erwachsenen jährlich 2 ganze Anzüge; an Mänteln und Paletots im Mittel alle 2 Jahre je 1 Sommer- und 1 Winterüberzieher. Für weibliche Erwachsene dasselbe ...... Für jeden Erwachsenen jährlich 3 Hemden und 3 Beinkleider ...." (S. 288). Die Verfasser dieser Schrift gestehen, dass sie nicht mit Sicherheit feststellen konnten, ob diese Beinkleider Unterhosen oder Strümpfe waren - oder hatte man vielleicht damals eine Kombination von beiden entwickelt und ist diese Erfindung, wie so manche alte Kunst, seither in Vergessenheit geraten?

Mit wehmütigem Lächeln liest man, was er über den Gesundheitsdienst zu sagen hatte:

"Zu den Anforderungen an eine anständige Lebenshaltung gehört natürlich auch die unentgeltliche Sicherung ärztlicher Behandlung und Krankenpflege sowie aller Einrichtungen hygienischer Natur. Diese Kategorie von Anforderungen verlangt eine so geringe Zahl von Beschäftigten und ist so leicht zu erfüllen, dass ihr kein spezielles Kapitel gewidmet werden musste" (S. 264). In Wirklichkeit widmet er ihr ein spezielles, wenn auch nur kurzes und wohl erst in die 2. Auflage eingefügtes Kapitel (S. 289-291). Dieses handelt allerdings ausschliesslich von Aerzten. "Die Hauptsache wäre, Staatsärzte anzustellen, neben denen sich aber auch Privatärzte, so wie heute, ungehindert etablieren können" (also ein ähnliches System, wie das seither in England eingeführte). Die Zahl der Staatsärzte soll sehr reichlich bemessen werden, z.B. auf je 300 Personen ein Arzt."

Das Bemerkenswerteste an dieser Stelle ist, dass der Ausdruck "sehr reichlich" eine hochgradige Untertreibung darstellt. Heute rechnet man mit einem Standard von ungefähr 1 Arzt zu 1'000 Einwohnern. Nach dem autoritativen Buch von Sigerist kam in Deutschland im Jahre 1933 ein Arzt auf 1'560 Einwohner; in dem notorisch "überarzteten" Oesterreich einer auf 880. In den U.S.A. war die Zahl der Aerzte früher relativ höher - nach George Rosen gab es im Jahr 1860 einen Arzt pro 572 Einwohner, dies aber nur, weil unter den Aerzten so viele Kurpfuscher ihr Handwerk ausübten; nach der Reform der medizinischen Schulung im Jahre 1910 begann die Zahl der Aerzte zu sinken - die Proportion im Jahre 1938 war ein Arzt zu 764 Einwohnern und jetzt pendelt die Zahl zu 1'000. Wie Popper-Lynkeus zu seiner Ziffer kam, ist nicht ersichtlich. Man kann wohl auch annehmen, dass heute relativ weniger Aerzte benötigt werden, weil grosse Teile ihrer Arbeit von anderen übernommen wurden (Laboratorien etc.) und vielleicht auch, weil wir gesünder sind und sich die Aerzte - gewissermassen - überflüssig machen. Auch nahm Popper-Lynkeus an - den Sitten seiner Zeit folgend - dass Aerzte hauptsächlich Hausbesuche machen, was natürlich entsprechend zeitraubend war. Jedenfalls kann notiert werden, dass Popper-Lynkeus nicht nur spartanisch sein konnte - es wird keinen Leser überraschen zu hören, dass ausser Tee und Kaffee auch Alkohol und Tabak zu den Artikel gehören, die nicht im

Rahmen des Minimums zu verteilen sind - sondern dass er sehr grosszügig kalkulierte, wo ihm menschliche Werte auf dem Spiele zu stehen schienen.

Das sekundäre Minimum - Die Privatwirtschaft.

"Die Befriedigung der leiblichen, der sogenannten Existenzbedürfnisse, die wir auch primäre nennen wollen, kann den Menschen jedoch nicht genügen; wir haben auch sekundäre oder 'kulturelle' Bedürfnisse, die zwar nicht zur physischen Fortexistenz notwendig sind, die wir aber doch für fast unentbehrlich halten und nur sehr schwer missen würden. Würde jeder nicht mehr als Nahrung, Wohnung, Kleidung und ärztliche Hilfe erhalten, so könnte er eben nur weitervegetieren; er wäre nicht sicher, auch nur jene Mittel zu besitzen, um einen Brief zu schreiben, Bücher kaufen, Theater besuchen, eine Reise antreten zu können" (S. 134).

Wenn uns diese Aufzählung kultureller Bedürfnisse etwas naiv erscheint, müssen wir uns vor Augen halten, dass es zur Zeit der Abfassung der Allgemeinen Nährpflicht noch kein Radio und kein Fernsehen gab, kaum noch das Kino, von den Anfängen des Telefons, des Automobilismus und der Aviation ganz zu schweigen. Auch lag es wohl im Charakter der Zeit, die würdevolleren, "höheren" Freizeitbeschäftigungen herauszustreichen und z.B. Sport mit Stillschweigen zu übergehen.

Popper-Lynkeus führt aber die Briefe, Bücher etc. nur als Beispiele an. Er macht keinen Versuch, Leuten vorzuschreiben, wie sie ihr Leben ausserhalb ihrer Arbeitsverpflichtung gestalten sollen: Er sieht eine vollkommen unterschiedliche Behandlung der primären und sekundären Bedürfnisse vor.

Wegen der Privatkrisen, der Unsicherheiten der Geldwirtschaft (welche Voraussicht, das zu einer Zeit zu schreiben, als Inflation sozusagen noch nicht erfunden war!) und aus anderen, ähnlichen Gründen, hält er es für äusserst wichtig, dass die Zuteilung des primären Minimums in natura erfolgen soll. Da er annimmt, dass auf diesen Gebieten des Lebensnotwendigen die individuellen Bedürfnisse nicht merklich variieren - so sehr auch die Befriedigung dieser Bedürfnisse in einer Klassengesellschaft verschieden sein kann - so sieht er in dieser Tatsache nichts Untragbares.

Es ist nicht uninteressant zu beobachten, dass zur Zeit von Popper-Lynkeus die Naturalzuteilung nicht verbreitet und im wesentlichen auf vorkapitalistische Wirtschaftsformen beschränkt war (Deputate, d.h. teilweise Entlöhnung der Arbeiter in Produkten des Betriebs, speziell in der Landwirtschaft; Naturalleistungen im Ausgedinge; Ausgabe von Nahrung und Uniformen in der Armee; etc.) und somit sein Plan damals befremden mochte. Naturalleistungen als Mittel der Sozialpolitik, besonders im Wohnungswesen und in der "sozialisierten" Medizin, haben sich seither viel weitergehend eingebürgert.

Für die subtileren, individuell unterschiedlichen "kulturellen" Bedürfnisse dagegen sieht Popper-Lynkeus die Zuteilung des "sekundären" Minimums in Geldform vor. Die Bemessung soll empirisch erfolgen. Wir wissen aus den Haushaltungsbudgets relativ wohlhabender Familien, so sagt er, "dass die Ausgaben für Nahrung, Kleidung, Wohnung, Heizung, Beleuchtung und Gesundheitspflege ca. 83% des Einkommens beanspruchen; demnach bleiben 17% für alle anderen Bedürfnisbefriedigungen übrig. Diese letzteren machen also ungefähr ein Fünftel des Wertes der primären Genüsse aus. Wenn man nun das zu verteilende, primäre Minimum in einer bestimmten, längeren Periode in ungefährem Geldwert abschätzt - was ja bei Benützung früherer Preise aus der Zeit der kapitalistischen Wirtschaft unter Berücksichtigung der Aenderung des Geldwertes stets annähernd möglich sein wird - so hat man einfach den fünften Teil dieses Geldbetrages als sekundäres Minimum jeder Familie, und einen entsprechend kleineren Betrag (z.B. das Drittel davon) den über 18 Jahre alten ledigen Staatsangehörigen zu Anfang jedes Jahres in Geldform zuzuteilen.

Mit diesem Geldbetrag kann dann jeder machen, was er will, also auch seine persönlichen Kulturbedürfnisse befriedigen, indem er sich an die freie Privatwirtschaft als Käufer wendet" (S. 138/139).

Die Betrachtung des sekundären Minimums führt hier auf natürlichem Wege zu der noch wichtigeren Frage, nämlich der des Weiterbestehens der Privatwirtschaft.

Hier ist das eigentliche Besondere des Popper-Lynkeus'schen Systems, die Gabelung des Weges, wo er einen anderen Pfad einschlägt als alle anderen Systeme, die landläufig sozialistisch oder kommunistisch genannt werden: Die private Wirtschaft soll bestehen bleiben; und zwar nicht nur als ein Anhängsel oder in verkrümmter Form, wie dies heute in den Ostblockländern der Fall ist, sondern als ein grosser und starker Sektor der Wirtschaft. Bald werden wir sogar sehen, dass der private Sektor wahrscheinlich grösser würde als der sozialisierte.

Auf den ersten Blick mag das wie ein Zauberkunststück, wie die Quadratur des Zirkels erscheinen. Doch die einfache Ueberlegung zeigt, dass diese Doppelgleisigkeit der Wirtschaft vollkommen möglich ist. Das Ministerium für Lebenshaltung soll das Primat und den ersten Anspruch auf alle Mittel der Wirtschaft besitzen, aber es soll sich ja darauf beschränken, die lebenswichtigen Güter (wie früher aufgezählt) herzustellen und zu verteilen. Alles andere soll der freien Wirtschaft überlassen werden. Die Fragen stellen sich: Wer wird in der freien Wirtschaft arbeiten? Woher kommt ihr Kapital? Was wird ihr Markt sein?

Die Antworten sind unschwer zu finden: Die meisten Menschen werden in der freien Wirtschaft beschäftigt sein, sowie sie nicht von ihrer Dienstpflicht
in Anspruch genommen sind. Sie werden dadurch dazu motiviert sein, dass sie ja über das Minimum hinaus Güter erwerben wollen. Aus diesem Wunsche ergibt sich der freie Markt. Die Produktionsmittel (das Kapital) werden genau so vorhanden sein, wie heute das Kapital der freien Wirtschaft vorhanden ist, obwohl gewisse Wirtschaftszweige sozialisiert oder verstaatlicht sind.

Man kann auch sagen, dass das voll entwickelte System aus drei Sektoren bestehen wird: die Minimum-Wirtschaft; die "freie Staatswirtschaft" (wie z.B. Post, Schulen, Eisenbahn etc.), die im wesentlichen so weitergeführt werden soll wie heutzutage; und die private Wirtschaft. Da der wirtschaftliche Druck auf die Arbeitnehmer - deren Existenz durch das Minimum gesichert sein wird - seinen Stachel verlieren wird, können sozialpolitische Beschränkungen gelockert werden. Die Privatwirtschaft wird also freier sein können, als sie es heute ist, sogar als sie es um 1912 war (S. 3).

Die damals kühne Vision einer aus Sektoren bestehenden Wirtschaft ist uns heute geläufig geworden; aber die Abgrenzung zwischen den beiden Systemen hat sich anders entwickelt. Im Popper-Lynkeus'schen System dient der soziale Sektor der Beschaffung und Verteilung des Minimums und weiter obliegt ihm nichts. Der Gedanke ist hier derselbe wie in jeder Technik - den gewünschten Effekt mit dem geringsten Aufwand zu erzielen. In diesem Falle heisst das: die Sicherung der wirtschaftlichen Existenz eines jeden Individuums mit einem Minimum von Eingriffen in die bestehende Wirtschaft zustande zu bringen. Der private Sektor gibt jedem die Möglichkeit, für sein sekundäres Minimum (das er ja in Geldform zugeteilt bekommt) die gewünschten Güter zu erwerben und sich durch Arbeit weitere zu erstehen, und sogar, wenn er will und kann, reich zu werden.

Die Arbeitspflicht

Popper-Lynkeus vermeidet es, Voraussagen über die Gestaltung der Privatwirtschaft im einzelnen zu machen. Als seine Aufgabe hat er die Aufstellung eines Programms zur radikalen und sicheren Beseitigung der Not gesehen; ob dann die darüber hinausgehende Privatwirtschaft reich und blühend sein oder verkümmern wird, ist ausserhalb seines Interessenbereichs. Es lassen sich jedoch auf Grund seines Materials gewisse Schätzungen vornehmen.

Um das Minimum für alle zu bestreiten, sind natürlich bedeutende Mittel erforderlich. Wie gross dieses Erfordernis im Verhältnis zum ganzen Sozialprodukt ist, hängt von mehreren Faktoren ab. Vor allem von dreien: erstens, wie hoch das Minimum bemessen wird: je liberaler die Bemessung, je "behaglicher" man einen nur auf das Minimum basierten Lebensstandard machen will, desto grösser natürlich das Erfordernis. Zweitens, wie reich und produktiv das Land als ganzes ist: je grösser die Produktivkräfte, ein desto grösserer Teil des Sozialproduktes kann anderen Verwendungen als der Beschaffung des Minimums (dem Luxus im weitesten Sinne, oder auch z.B. der Führung von Kriegen) zugeführt werden. Drittens: je grösser die Ersparnisse an gesellschaftlich notwendiger Arbeit, die sich durch die Konzentration der Minimum-Wirtschaft in einen Riesenbetrieb erzielen lassen (z.B. etwa durch Serienproduktion im Wohnungsbau), desto geringer der dafür notwendige Anteil am Sozialprodukt.

Durch Anwendung dieser Ueberlegungen auf die verfügbaren Statistiken kommt man zu einer ungefähren Schätzung: Man kann annehmen, dass in entwickelten Ländern, bei mässiger Bemessung des Minimums, ungefähr ein Fünftel bis ein Viertel des Sozialproduktes für das Minimum aufgewendet werden müsste. Daraus folgt auch, dass der private Sektor am Ende drei- bis viermal so gross sein würde als der Minimum-Sektor der Wirtschaft.

Ein Fünftel bis ein Viertel des gesamten Sozialproduktes ist aber, wie immer man es auch ansehen mag, ein beachtlicher Betrag. Er entspricht ungefähr der Gesamtheit der Steuerlasten, die in entwickelten Ländern heute üblich sind. Woher soll der Staat diese Mittel nehmen?

Gegenwärtig bestreitet der Staat die Sozialleistungen (Pensionen, Fürsorge etc.) teils aus allgemeinen Staatsgeldern ("Steuergeldern"), teils aus speziellen Einkünften (Sozialversicherungsbeiträgen etc.), die aber im wesentlichen auch nichts anderes sind als Steuern. Es wäre eine theoretisch mögliche Lösung vorzuschlagen, dass der Staat auch die allgemeine Nährpflicht auf diese Weise finanzieren, d.h. die Güter und Dienste, die er als Minimum zur Verteilung bringen will, auf dem offenen Markt kaufen und die Mittel dafür aus allgemeinen Staatsgeldern bestreiten soll.

Aus mehreren gewichtigen Gründen - hauptsächlich, um die allgemeine Nährpflicht auf eine gesichertere Basis zu stellen als die Marktwirtschaft sie bieten kann, sowie wegen der Ersparnisse, die durch die Planwirtschaft zu erzielen sind - hat Popper-Lynkeus diesen Weg n i c h t gewählt. Man könnte hinzufügen, dass eine Verdoppelung der Steuerlast, wie sie zur Finanzierung der allgemeinen Nährpflicht aus Staatsgeldern notwendig wäre, sich vielleicht überhaupt als unrealisierbar erweisen würde.

Popper-Lynkeus schlägt vielmehr vor, die Minimum-Güter und Dienste vom Staat direkt produzieren zu lassen und zwar durch die Führung von Staatsbetrieben, in welchen die Arbeitsdienstpflichtigen arbeiten. Die Kehrseite der Medaille der allgemeinen Nährpflicht ist eine <u>allgemeine Arbeitspflicht.</u> Es würden natürlich nur Menschen einer gewissen Altersstufe der obligatorischen Arbeitspflicht unterworfen sein und sie würde auch nur die Tauglichen erfassen, während die allgemeine Nährpflicht allen zugute kommt und sich von Geburt bis zum Tode erstreckt. Von diesen Einschränkungen abgesehen, wäre sie allgemein und unabdingbar. Auch jene Staatsbürger - sollte es solche geben - die aus irgendwelchen Gründen, etwa weil sie genug Reichtum ererbt haben und auf das Minimum verzichten können, würden der Arbeitspflicht unterworfen bleiben.

Auch hier, noch in erhöhtem Masse als beim Minimum, wird das Programm erst lebendig, wenn das Skelett dieser prinzipiellen Erklärung mit dem Fleisch quantitativer Bestimmung bekleidet wird. Dies tat Popper-Lynkeus mit Hilfe von Tabulierungen, die zwar langwierig, aber nicht im eigentlichen Sinne des Wortes schwierig sind.

Der erste Schritt ist die Feststellung, wieviel Arbeit für die Herstellung und Verteilung der Minimum-Leistungen (Güter und Dienste) erforderlich ist. Hier muss natürlich auch auf die Leistungen Rücksicht genommen werden, welche die Endleistungen ermöglichen - z. B. die Herstellung von Maschinen und deren Instandstellung, die für die Produktion der Textilien, aus denen die als Minimum zu verteilende Kleidung hergestellt wird, zu verwenden sind. Wenn wir noch weiter zurückgreifen, die Produktion des Stahls, aus dem die Maschinen fabriziert werden, u.s.w. Dies alles muss eingeschlossen werden.

Wir haben gesehen, wie z. B. die Zahl der notwendigen Bäcker mit 120'000 angenommen wurde. In ähnlicher Weise gibt die Annahme, dass auf 300 Einwohner ein Staatsarzt kommen soll, ein Erfordernis (für eine Bevölkerung von 70 Millionen) von 233'000 Aerzten. Analoge Rechnungen hat Popper-Lynkeus für alle Leistungen ausgeführt, die in das Minimum eingehen sollen. Er benützte dazu die im Deutschen Reich zur Genüge produzierten Berufsstatistiken und die technische Literatur über die zur Herstellung verschiedener Produkte notwendige Arbeit.

Das Gesamterfordernis kann in Arbeitsstunden oder in der Zahl der Beschäftigten ausgedrückt werden. Popper-Lynkeus hat beides getan. Er gelangt zu dem Resultat, dass zum Betrieb der Minimum-Wirtschaft jährlich 29 Milliarden Arbeitsstunden erforderlich sind (S. 358).

Diese Zahl kann auf einfache Weise in die Zahl der Beschäftigten umgerechnet werden, indem man diese Zahl von 29 Milliarden durch die Zahl der Arbeitstage im Jahr und die Zahl der täglichen Arbeitsstunden dividiert. Es ist offenkundig, dass diese beiden Variabeln im Rahmen des Möglichen in gewissem Masse willkürlich zu wählen sind: je mehr Tage im Jahr und je mehr Stunden im Tag gearbeitet wird, desto kleiner die Zahl der Beschäftigten.

Popper-Lynkeus nimmt 300 Arbeitstage pro Jahr an (das Wochenende war damals noch nicht erfunden). Später erwog er noch eine Alternative, nämlich den Dienstpflichtigen einen dreiwöchigen Urlaub im Jahr zu bewilligen, wodurch sich die Zahl der Beschäftigten um 1/14 erhöhen würde (S. 355). Wir können annehmen, dass er unter den heutigen Verhältnissen eher eine 5-Tage-Woche als eine von 6 Tagen vorgeschlagen würde. Dies käme einer weiteren Erhöhung der Zahl der Beschäftigten um 1/5 gleich, aber in diesem Falle würde sich sofort eine Modifikation ergeben.

In der Bemessung der täglichen Arbeitszeit ist Popper-Lynkeus äusserst grosszügig: Er nimmt eine Arbeitszeit von 7 1/2 Stunden an, die für gewisse Arbeiten noch weiter reduziert würde. Da er - zweifellos mit Recht - annahm, dass die faktische tägliche Arbeitszeit in Mitteleuropa damals bei 10 bis 10 1/2 Stunden lag (S. 354, 358), ist er in dieser Hinsicht seiner Zeit voraus, man kann sogar behaupten, dass er unserer Zeit voraus ist. Seine Arbeitswoche von 6 Tagen à 7 1/2 Stunden ergäbe eine wöchentliche Arbeitszeit von 45 Stunden. Wenn man statt dessen mit der 40-Stunden-Woche rechnet, die heute allgemein als akzeptabel gilt, so stellt man fest, dass ein erheblicher Teil des Mehrerfordernisses, das aus einer Verkürzung der Arbeitswoche von 6 auf 5 Tage resultieren würde, wieder aufgeholt wäre.

Was immer man aber von diesen möglichen Modifikationen denken mag, so lässt sich auf jeden Fall die Zahl der Beschäftigten aus der Grundzahl von 29 Milliarden Arbeitsstunden pro Jahr errechnen. Der nächste Schritt gilt der Länge der notwendigen Arbeitsdienstzeit. Die dazu notwendigen Daten sind: der Altersaufbau der Bevölkerung, der sich aus Volkszählungen entnehmen lässt, und der Prozentsatz der Arbeitstauglichen, der aus Gesundheitsstatistiken und mittels Analogie zu Erfahrungen mit der Rekrutierung für das Militär abgeschätzt werden kann.

Auch hier trifft man auf zwei einigermassen willkürliche Varianten: einerseits die Frage, in welchem Alter die Dienstzeit beginnen soll. Popper-Lynkeus setzt hierfür den 17. Geburtstag an. Würde man den Beginn etwas später ansetzen - was er heute wahrscheinlich täte - so könnte aus dem Altersaufbau die Notwendigkeit einer Verlängerung der Dienstzeit folgen, doch könnte diese nur sehr gering sein und keine wesentliche Verschiebung bedeuten. Andererseits haben wir die Frage des Geschlechtsunterschieds, über die wir noch sprechen werden. Popper-Lynkeus sieht eine wesentlich kürzere Dienstzeit für Frauen vor.

Er errechnet das folgende "Endresultat":

"Um allen Staatsangehörigen Nahrung, Wohnung, Kleidung, sowie auch ärztliche Hilfe und Krankenpflege mit voller Sicherheit und bedingungslos das ganze Leben hindurch versorgen zu können, ist die beständige Arbeit einer Nähr- resp. Minimum-Armee notwendig, in welcher Armee ungefähr 7 3/4 Millionen Männer von ihrem beginnenden 18. Lebensjahr bis zu Ende des 30., also 13 Jahre, und ungefähr 5 Millionen Frauen von ihrem beginnenden 18. Lebensjahr bis zum Ende des 25., also 8 Jahre, dienen müssen. Nach vollendeter Dienstzeit sind sie alle vollkommen frei und können ihre Zeit nach Belieben verwenden. Ihre tägliche Arbeitszeit wird 7 bis 7 1/2 Stunden keinesfalls überschreiten und wird auch je nach der Beschwerlichkeit oder Gefährlichkeit der betreffenden Arbeiten noch weiter reduziert" (S. 356-357).

Da wir hier beim Kernstück des Programmes angelangt sind, ist es vielleicht am Platz, ein paar kurze erläuternde Bemerkungen anzubringen, um eine ganz klare Vorstellung zu gewinnen, wie das System in der Praxis aussehen würde.

Einen Lohn erhält der Arbeitsdienstpflichtige nicht. Das wäre auch überflüssig. Er bekommt natürlich das Minimum (das primäre in natura und das sekundäre in Geldform), genauso, wie er es vor und nach Ableistung seiner Dienstpflicht bekommt und wie es auch die Dienstuntauglichen erhalten. Die Dienstpflicht selber hat man sich etwa so vorzustellen wie in der heutigen Zeit die Arbeit der meisten Menschen in der Privatwirtschaft: Es besteht kein Grund, weshalb die Arbeitspflicht eine grössere Beschränkung der Freiheit mit sich bringen sollte als sich ohnehin aus der Tatsache ergibt, dass man so und so viele Stunden im Tag arbeiten muss. Vor der Dienstzeit, ausserhalb der Arbeitsstunden während der Dienstjahre und nach der Ableistung, kann jeder in der Privatwirtschaft arbeiten und es ist vorauszusehen, dass die meisten dies tun werden. Sollte sich jedoch jemand lieber nur mit dem Minimum begnügen und vom Alter von 31 Jahren an müssig gehen, so ist das seine Angelegenheit.

Organisationsfragen

Es bleiben verschiedene Einzelheiten zu erörtern. Mit der einfachen Bestimmung einer durchschnittlichen Dienstzeit ist noch nicht alles getan. Sonderregelungen empfehlen sich, durch die die Dienstzeit für bestimmte Gruppen abweichend angesetzt würde.

Da ist erstens einmal, oder war es zu Popper-Lynkeus' Zeiten, die "Frauenfrage". Wie erwähnt, sieht er für Frauen eine wesentlich kürzere Dienstzeit vor als für Männer. Eine durchschlagende Begründung für diese unterschiedliche Behandlung der Geschlechter gibt er nicht. Offenbar hielt er sie nicht für erforderlich, da zu seiner Zeit Galanterie als selbstverständlich angesehen wurde. Natürlich war diese andererseits mit Benachteiligung der Frauen auf lebenswichtigen Gebieten teuer erkauft.

Er gelangt aber auf einem anderen Weg zu seinem Resultat: indem er nämlich für die einzelnen Wirtschaftszweige das Arbeitserfordernis für Männer und Frauen separat ausrechnet. Hier ist er ein Kind seiner Zeit, denn damals galten gewisse Berufe, bedeutend mehr als heute, als Reservat eines Geschlechtes (häufiger des männlichen als des weiblichen). Dabei spielt wohl auch eine Rolle, dass viele der in der Nährarmee notwendigen Arbeiten körperliche Kräfte erfordern. Die seitherige Entwicklung der Technik hat das verwischt.

Gegenwärtig scheint gleiche Verpflichtung als die Kehrseite gleicher Rechte angebracht. Wir können also ruhig das Nährarmee-Programm als in dieser Hinsicht modifiziert betrachten: gleiche Dienstzeit für beide Geschlechter. Dabei handelt es sich natürlich nur um die Festsetzung der Dienstzeit als solche. Sollten Frauen aus Gesundheits- und Familiengründen mehr als Männer vom Dienst dispensiert werden, so ist das eine andere Angelegenheit und berührt nicht das Prinzip.

Die Frage ist nicht ohne Bedeutung: Wenn wir keinen Unterschied in der Bemessung der Dienstzeit zwischen Frauen und Männern machen, so kommen wir auf eine Dienstpflicht von etwas über elf Jahren, was gewiss das ganze Programm für Männer anziehender macht als wenn sie mit einer dreizehnjährigen Dienstzeit rechnen müssten.

So wie für die Frauen, so sieht Popper-Lynkeus auch eine Abweichung der Dienstpflicht für Studenten und Künstler vor, die in ihren jungen Jahren das Maximum der Leistungsfähigkeit im Studium und Schaffen erreichen. Doch gesteht er hier keine Verkürzung der Dienstzeit zu, sondern ein anderes Arrangement. Für diese Kategorien - man kann annehmen, dass Popper-Lynkeus in der heutigen Welt auch spitzenleistende Sportler, Astronauten, Wissenschafter etc. in diese Gruppe einbeziehen würde - sieht er eine Verschiebung des Antritts ihres Dienstes für eine Zeit bis zu etwa drei Jahren vor, wobei die Länge der Dienstpflicht die selbe bleiben würde und sich somit ihr Austritt aus dem Dienst entsprechend verschieben würde. Eine weitere Möglichkeit sieht er in der Halbtagsarbeit, womit sich die Dienstjahre verdoppeln würden (S. 360), das kann aber auch nur für eine gewisse Periode gelten. Es ist kaum notwendig, in weitere Einzelheiten zu gehen, denn für alle diese Probleme gilt die Regel, dass ihre Lösung entweder gerecht oder auch einfach sein kann, doch schwerlich beides.

Abweichungen von dem im allgemeinen geltenden System der Dienstpflicht können sich auch aus der Behandlung der Frage ergeben, wie die einzelnen Verrichtungen, aus denen das Werk der Arbeitsarmee besteht, den Dienstpflichtigen zugewiesen werden sollen. Im Prinzip stehen hier mehrere Methoden zur Auswahl:

a) Freiwilligkeit: die einzelnen Arbeitspflichtigen melden sich für bestimmte Arbeiten; z.B. für Landarbeit oder Krankenpflege. Aus vielen Gründen wäre diese Methode die erwünschenswerteste. Doch ist es klar, dass gewisse Tätigkeiten anziehender sind als andere.

b) Prämien: man kann die freiwillige Auswahl modifizieren, indem man für gewisse Arbeiten (gefährliche, besonders anstrengende oder unangenehme etc.) Begünstigungen gewährt, z.B. eine kürzere tägliche Arbeitszeit oder auch eine kürzere Gesamtdienstzeit.

c) Zuweisung auf Grund der Eignung.

d) Willkürliche Zuweisung.

e) Entscheidung durch das Los.

Popper-Lynkeus hat naturgemäss die Methode d) nicht in Betracht gezogen, während er der Methode c) wenig Vertrauen schenkt. Dies wohl aus dem Grunde, dass zu seiner Zeit das System der Eignungsprüfungen noch kaum entwickelt war. Er gibt der Methode e) für Arbeiten, wie z.B. das sprichwörtliche Kanalräumen (S. 156-157), den Vorzug und postuliert für kürzere Arbeitszeiten (pro Tag allerdings, keine Kürzung der Gesamtdienstzeit), "für exponierte Betriebe" (S. 93) und für "besonders beschwerliche oder unangenehme Arbeiten" (S. 356).

Es besteht auch die Möglichkeit, nur begrenzt taugliche Menschen in die Arbeitsarmee aufzunehmen, mit der Einschränkung, dass sie nur für gewisse Arten von Arbeiten heranzuziehen sind, wie z.B. für Büroarbeiten oder andere, die sich sitzend verrichten lassen und die nicht körperlich anstrengen, dies im Falle von Körperbehinderten oder für gewisse einfache, manuelle Arbeiten für Menschen mit geringer Intelligenz etc. Aehnliches ist im Militärdienst üblich.

Zu den Organisationsfragen kann man auch das Problem der Streiks rechnen. Ein Streik in der Nährarmee könnte empfindliche Störungen der Produktion und damit der Versorgung der Allgemeinheit mit sich bringen. Er wäre "ein Kampf gegen sich selbst" (S. 196), ein sozialer Selbstmord. Popper-Lynkeus postuliert, dass es in der Nährarmee keine Streiks geben dürfe und auch keine geben werde. Natürlich liegt hier ein Problem, denn man kann kaum a priori annehmen, dass die in der Nährarmee Dienenden unbedingt die Meinung, Streik sei ein sozialer Selbstmord, teilen werden.

Der Vergleich mit der Wehrarmee liegt nahe. Hier bedeuten Streiks Meuterei. Doch damit wird nicht allzuviel gewonnen, denn die Aenderung des Namens bedeutet keine Aenderung des Problems und wir dürfen nicht glauben, dass etwas nicht geschehen könne, weil es verboten ist. Tatsächlich benützt Popper-Lynkeus ein verständigeres Argument: Streiks würden "keinen Nutzen für etwaige Streikende haben", man "könne sich ..... gar nicht denken, welchen Zweck ein solcher Versuch haben sollte" (S. 196). Nun ist es natürlich richtig, dass Lohnerhöhungen das weitaus häufigste Ziel von Streiks sind und dass diese in der Nährarmee nicht in Betracht kommen, da ja der Dienst in ihr unbezahlt ist. Doch haben die Erfahrungen - die Popper-Lynkeus noch nicht haben konnte - gezeigt, dass Streiks auch wegen anderen Konflikten - Arbeitsbedingungen oder allgemeinere soziale oder politische Forderungen - ausbrechen können. Dieses Problem spielt in die Frage der Adaptierbarbkeit der Popper-Lynkeus'schen Systems auf unsere Zeit hinüber und wir werden in diesem Zusammenhang darauf zurückkommen, ebenfalls auf die Frage, wie bei eventuellen Streiks Elemente der Nährarmee in die Privatwirtschaft einzubauen wären.

Der Vollständigkeit halber sei erwähnt, dass Aussperrungen in der Nährarmee kein Problem aufwerfen können, da die Dienstpflichtigen jedenfalls nur das Minimum erhalten, dieses aber unter keinen Umständen je entwzogen werden kann. Würde also die Nährarmee Arbeiter aussperren, so würde dies bloss bedeuten, dass diese nicht mehr für die Nährarmee tätig sind, deswegen aber um nichts schlechter gestellt wären, als wenn sie noch arbeiteten.

Ueber Streiks in der Privatindustrie hatte Popper-Lynkeus keinen Anlass, Vorschläge zu unterbreiten. Es ist jedoch klar, dass die Streiks durch die Tatsache entgiftet würden, dass kein Streikender oder Ausgesperrter oder deren Familien in elementare Not geraten könnten. Dasselbe gilt für die Unternehmer, die gelegentlich durch Streiks in den Bankrott getrieben worden sind.

Als letztes Teilgebiet der Organisation müssen wir schliesslich noch die Erziehungsfragen betrachten. Wenn wir von der Annahme ausgehen, dass die Arbeitspflicht am ehesten mit dem Alter von 18 Jahren beginnen soll und wenn wir weiter berücksichtigen, dass in diesem Alter noch wenige junge Menschen für einen Beruf ausgebildet sind, so ergibt sich die Notwendigkeit, dass die Nährarmee Berufsausbildung in sich schliessen muss. Der junge Mensch, der in die Nährarmee eingezogen wird, soll die Möglichkeit erhalten, einen oder mehrere Berufe zu erlernen, diesen in der Nährarmee auszuüben und auch in der Lage sein, nach Absolvierung der Dienstpflicht in der freien Wirtschaft weiterhin in ihm zu wirken. Berufswechsel muss gleichfalls möglich sein.

All dies wurde von Popper-Lynkeus anerkannt. Er hat übrigens auch erwogen, ob das allgemeine Schulsystem in die Nährpflicht einbezogen werden sollte (S. 199) und hat sich dagegen entschieden. Er war dabei zweifellos von der Ueberlegung geleitet, dass im Deutschen Reich seiner Zeit - und wir können sagen in jedem Land, das überhaupt die Zivilisationsstufe erreicht hat, auf der an die Einführung der allgemeinen Nährpflicht zu denken ist - bereits ein umfassendes und im Grossen und Ganzen gut funktionierendes Schulsystem besteht und vom Staat oder seinen Unterabteilungen betrieben wird, sodass durch eine Reorganisation, die dieses System der allgemeinen Nährpflicht eingliedern würde, nichts gewonnen würde und nur die Gefahr der Ueberorganisation heraufbeschworen würde.

Der Uebergang zur allgemeinen Nährpflicht und andere Fragen am Rande.

Für den Uebergang vom heutigen System zum gesicherten Minimum fasst Popper-Lynkeus eine lange Periode ins Auge - "ungefähr eine Zeit von einem halben Jahrhundert" (S. 393). Er betont die Flexibilität aller seiner Uebergangspläne und unterstreicht, dass ihnen das technische und wissenschaftliche Niveau seiner Zeit zugrunde gelegt ist. Verbesserung der Naturbeherrschung und technische Fortschritte nach seiner Zeit hat er vorsichtigerweise, so sehr er sie begrüsste und erhoffte, nicht einkalkuliert.

Auf diesen Faktor, der die Uebergangszeit sehr kürzen könnte, werden wir in einem späteren Kapitel zurückkommen, ebenso auf die Steigerung der Minimalbedürfnisse im Haushalt und im Verkehr (abgesehen von der Aenderung der Lebensart in den Ess- und Freizeit-Sitten), die wiederum die Uebergangsphase verlängern könnten.

Popper-Lynkeus hat bemerkt, dass man vielleicht qährend eines Teils der Uebergangszeit mit einer längeren Dienstzeit werde rechnen müssen als der, die sich am Ende als notwendig ergeben werde: bis zu 37 statt 13 Jahren (S. 393). Dies werde notwendig werden, um die ursprüngliche Akkumulation der für die allgemeine Nährpflicht erforderlichen Produktionsmittel zu beschleunigen. Wir betrachten dies als eines der Details seiner Uebergangspläne, die man heute kaum mehr in Betracht ziehen muss, da sich gerade auf diesem Gebiet die Verhältnisse sehr vielfältig - und im Grossen und Ganzen eher zu Gunsten des Popper-Lynkeus'schen Planes in seiner Endform - geändert haben.

Jedenfalls ist das grösste Problem des Uebergangs die Bereitstellung der für die Herstellung des Minimum notwendigen Produktionsmittel; die Uebergangszeit wird sich daher verlängern, wenn diese Mittel erst geschaffen werden müssen und sie wird sich entsprechend verkürzen, soweit bestehende Produktionsmittel übernommen werden können. Die für unsere Begriffe erstaunliche Länge der ins Auge gefassten Uebergangszeit ergab sich vor allem daraus, dass Popper-Lynkeus - als Ingenieur aus dem 19. Jahrhundert - seine Hoffnungen auf den Grossbetrieb setzte, während zu seiner Zeit (und in gewissem Masse auch noch heute) besonders auf den für die allgemeine Nährpflicht wichtigsten Gebieten wie Landwirtschaft, Konfektionsindustrie, Wohnungsbau etc. der Kleinbetrieb überwog.

Von der Konzentration der Produktion erwartete er die entscheidenden Ersparnisse, die es ermöglichen sollten, alles für die behagliche Lebensführung Notwendige mit bedeutend geringerem Arbeitsaufwand zu erzeugen, als dies in der zersplitterten, freien Wirtschaft möglich ist. Alle Güter sollen in möglichst grossen Produktionsstätten hergestellt werden. Wenn z. B. die Nährpflicht pro Jahr so und so viele Millionen Paar Schuhe benötigt und wenn diese in e i n e r Fabrik erzeugt werden können, umso besser.

Die Grossbetriebe der Nährpflicht sollen teils neu geschaffen werden und teils sollen bestehende Betriebe übernommen und nach Bedarf zusammengelegt werden. Letzteres aber nur, soweit diese Betriebe Güter und Dienste produzieren, die für das Funktionieren der Nährpflicht notwendig sind. Die Herstellung von Juwelen oder Seidenstoffen z. B. würde nicht in das Interessengebiet fallen. In diesem Sinne und in diesen Grenzen tritt Popper-Lynkeus für die Sozialisierung des grössten Teils der Landwirtschaft und erheblicher Teile der Industrie und des Aussenhandels ein. Man erinnere sich, dass zu jener Zeit keine Erfahrungen aus den kommunistischen Ländern vorlagen (die erst später das Licht erblickten), und so gut wie keine Erfahrungen mit "Wohlfahrtsstaaten" oder mit Verstaatlichung in Entwicklungsländern. Sein fester Glaube an gut funktionierende Staatswirtschaft beruhte in der Hauptsache auf den Erfahrungen im Deutschen Reich und in der Habsburg-Monarchie. In ersterem waren die Reichsbahn und der Beamtenstand vorbildlich - man schmunzelt, wenn man liest, dass "meines Wissens, bisher niemals Klagen, speziell über den 'bürokratischen Apparat' bei den modernen Eisenbahn- und Postverwaltungen, erhoben wurden" (S. 207) - in Oesterreich funktionierte ausserdem noch das Salz-, Spiritus- und Tabakmonopol. Wiederum vergegenwärtige man sich auch die relative Einfachheit und Uebersichtlichkeit der damaligen Produktion, Dienstleistungen und Verteilung, verglichen mit den heutigen Bedingungen.

In diesem Lichte muss auch das Problem der Autarkie betrachtet werden. Anscheinend unter dem Einfluss des freilich nicht unwichtigen Buchs von Fichte, "Der geschlossene Handelsstaat", ist Popper-Lynkeus sehr für die Autarkie eingenommen. Er glaubt, dass dadurch die Minimum-Institution aus Weltwirtschaftskrisen herausgehalten wird und auch gegen auswärtige Manipulationen, besonders gegen die üblen Folgen des "Dumping" von Ueberschussländern, immunisiert wird.

Freilich fehlen ihm auch hier die Erfahrungen mit dem Kommunismus, Nazismus, Faschismus und überhaupt dem ökonomischen Nationalismus junger und auch nicht so junger Länder, die mit Autarkie ihre Minderproduktivität verteidigen. Die unheilvollen Resultate von autarkisierenden Bestrebungen waren damals nicht gut vorhersehbar.

Immerhin distanzierte sich Popper-Lynkeus von den Plänen - oder sollen wir sie Wunschträume nennen? - die deutschen Kolonien zu einem wesentlichen Bestandteil eines geschlossenen Wirtschaftsgebietes zu machen, wie sie noch Ballod (der deutsche Statistiker, dessen unter dem Pseudonym Atlanticus veröffentlichtes Werk sonst von Popper-Lynkeus viel benutzt wurde) vertreten hatte. Atlanticus wollte Kaffee aus den tropischen Kolonien in Afrika einführen (S. 272), Baumwolle aus Neu Guinea (S. 325), die Schafwolle sollte von vielen Millionen Schafen in Deutsch-Südwestafrika geliefert werden (S. 331). Da Popper-Lynkeus von diesen Plänen Abstand nimmt, aber trotzdem an der Autarkie hängt, schlägt er vor, ohne Kaffee und Baumwolle zu wirtschaften, letztere sollte hauptsächlich durch Flachs ersetzt werden.

Die vernünftigste Schlussfolgerung aus dem Dargelegten ist wohl, dass wir für die Zwecke unserer Diskussion sein Programm insofern modifiziert annehmen können, als wir von der Idee der Autarkie absehen. Dies ist eine Aenderung des Grades und nicht des Prinzips, da Popper-Lynkeus für jene Güter, die erforderlich und nicht im Lande selbst herzustellen sind, den Austausch mit anderen Ländern vorsieht.

Unsere Methode, sein Programm so zu betrachten, als ob er es schon unter dem Einfluss neuerer Erfahrungen modifiziert hätte, scheint uns vor allem deshalb gerechtfertigt, weil Popper-Lynkeus selbst eine ausserordentlich lange Zeit für den Uebergang vorsieht. Wie schon erwähnt spricht er von 50 Jahren. An einer Stelle meint er sogar: "Höchstwahrscheinlich wird es noch sehr lange dauern, bevor mein Programm - wenn je - realisiert, oder wenigstens in Angriff genommen wird. Sagen wir z.B. hundert Jahre" (S. 11). Man braucht sich nur einen Augenblick zu überlegen, wie unterschiedlich die heutige Welt von derjenigen von 1872 ist, um zu erkennen, dass sich Rezepte für Massnahmen, die in hundert Jahren getroffen werden sollen, nicht sinnvoll ausarbeiten lassen, Solche Vorschläge sehen eher Vermächtnissen zu Gunsten einer künftigen Staatsführung gleich und diese wird sich vielleicht für die Erbschaft bedanken.

Das betrifft z.B. die Frage, was zu tun sei, sollte die Minimumproduktion zeitweilig nicht ausreichend hergestellt werden. Popper-Lynkeus postuliert für Notzeiten, die durch Krieg oder Naturkatastrophen bedingt sind und die das Minimum vom Behaglichen ins Aermliche hinunterdrücken könnten, "gleichen Hunger für alle". Dieses Postulat fand inzwischen in zwei Weltkriegen mit Blockadenöten hüben und drüben (vor allem in England), im Rationierungssystem, seine theoretische und praktische Verwirklichung. Doch braucht man deshalb noch keineswegs mit solchen Eventualitäten in der Zukunft rechnen, speziell, wenn man überhaupt eine Zukunft voraussieht, in welcher die Verwirklichung des Programms der Nährpflicht ernstlich versucht werden kann.

Auf ähnliche Weise lässt sich die Frage behandeln, wie die Sozialisierung von Produktionsmitteln durchgeführt werden soll. Das heisst vor allem, ob - und wenn überhaupt, in welcher Form - für Enteignung eine Entschädigung zu entrichten ist. Es ist dies eine der wenigen wichtigen Fragen über die Popper-Lynkeus im Laufe der Zeit seine Meinung geändert hat. Im "Recht zu leben" sagt er noch: "Demnach werden zum Beispiel, da Grund und Boden Staatseigentum werden sollen, die Grundbesitzer expropriiert; die Entschädigung hat, eventuell durch Ablösung, wie bisher in ähnlichen Fällen, zu geschehen. Bei der Ausgabe der Obligationen, die natürlich auf den Steuereingängen der Zukunft basiert sind ....." (S. 93). In der "Allgemeinen Nährpflicht" finden wir derlei nicht mehr: Hier wird jeder Gedanke an Entschädigung rundweg abgewiesen (S. 372-377). Offenbar waren die dazwischen vergangenen Jahrzehnte, die den Aufstieg der sozialistischen Arbeiterbewegung und den Beginn der sozialen Revolutionen unserer Zeit brachten, an Popper-Lynkeus nicht spurlos vorübergegangen. So dürfen wir erwarten, dass auch die Jahrzehnte seither, die uns vor allem so ungeheuer bereichert haben, die uns erlauben, grosszügig zu sein, das Programm erneut modifizieren würden.

Man darf dabei nicht vergessen, dass es sich hier um die Sozialisierung ausschliesslich jener Produktionsmittel handelt, die für die Versorgung mit dem Minimum unentbehrlich sind. Allerdings spielt hier wieder der Fragenkomplex der Autarkie hinein: Wäre das System der allgemeinen Nährpflicht in einem Lande durchzuführen, das nur einen Teil der Lebensnotwendigkeiten selber produzieren kann, so muss Vorsorge getroffen werden, dem Ministerium für Lebenshaltung die Mittel zu geben, den fehlenden Teil im Aussenhandel zu erwerben: "Dann muss aber natürlich alles das, was als Austausch zu dienen hat, geradeso verstaatlicht werden, wie die anderen Minimum-Artikel ... In der Schweiz z. B. wäre die Textil-, Maschinen-, Uhren- und Käseindustrie zu verstaatlichen; auch das Hotelwesen, das auf der Schönheit der Natur dieses Landes basiert" (S. 165).

Wie wird also am Ende alles aussehen?

Nach Jahrhunderten von Welterlösungsplänen und Jahrzehnten von demagogischen Wahlversprechungen sind wir geneigt, wenn wir von einem neuen Plan hören, zu erwarten, dass er die Lösung aller Fragen wenigstens ankündigen werde. Wir sind fast enttäuscht, wenn das nicht der Fall ist und wir halten es leicht gegen einen Plan, wenn er gewisse Fragen nicht zu lösen imstande ist. Popper-Lynkeus jedoch versprach kein Himmelreich auf Erden. Er kann daher auch nicht dafür verantwortlich gemacht werden, wenn sich herausstellen sollte, dass die Verwirklichung seines Planes dieses nicht näher bringen würde. Andererseits kann man ihn gewiss nicht dafür tadeln, dass er sich von der Ausführung seines Planes sehr viel verspricht.

Natürlich nimmt er also in erster Linie an, dass das System funktionieren werde, wenn es einmal vollständig eingeführt ist. Dies trotz des Einwandes, dass, wenn die Hungerpeitsche die Menschen einmal nicht mehr zur Arbeit treibt, sie nicht mehr genug arbeiten werden. Das "Profitmotiv" als Triebkraft der wirtschaftlichen Tätigkeit, ob auf dem Lande oder in der Stadt, ob in privater oder öffentlicher Wirtschaft, hat er gering, ja beinahe mit Verachtung eingeschätzt. Vor allem hält er es für unwesentlich im Hinblick auf sein Wirtschaftsziel eines "Minimums". Sollte sich herausstellen, dass kein hinreichend kraftvolles Motiv Menschen zur Arbeit in der Privatwirtschaft bewegen würde, sobald einmal ihr Minimum gesichert ist, so wäre der Effekt bloss, dass der private Sektor der Wirtschaft nicht gedeihen würde - und dies könnte das Wesentliche an seinem Programm nicht ändern.

Ueberdies hält er diese Möglichkeit für unwahrscheinlich: "Haben doch heute so viele

Menschen weit mehr als das Notdürftige, und dennoch ruhen sie nicht, sie arbeiten unaufhörlich weiter, es sind eben Geldgeiz, Neid, Ehrgeiz, Furcht vor Lnageweile, Liebe zu Angehörigen, die man gut versorgen will, oder Vergnügen an einer speziellen Beschäftigung, viel häufiger und auch geeignetere Triebe als der Hunger, welche zur grossen ökonomischen Tätigkeit anspornen" (Das Recht zu leben, S. 87).

Für die Arbeit in der Nährarmee ist das Profitmotiv logischerweise in keinem Fall ausschlaggebend: zur pflichtgemässen Arbeit werden die Dienstleistungen durch andere Motive getrieben - wir können annehmen durch Gesetzestreue, Pflichtgefühl, Werklust - Popper-Lynkeus spricht sich hierüber nicht speziell aus. Offenbar nimmt er an, dass das Gesetz genügen muss, um die Menschen zur Arbeit zu bringen.

Getrost erwartet er also, dass die allgemeine Nährpflicht funktionieren wird und in der dadurch charakterisierten Zukunft sieht er ein mächtiges Aufblühen der Wissenschaften und Künste. Vielleicht klingt hier wieder die alte Volkshymne durch - "mit des Geistes heitern Waffen siege Kunst und Wissenschaft" - aber auf jeden Fall, das Ausbleiben aller Materieller Not, der Angst vor ihr und des Drucks, den sie ausübt, soll diese Kulturblüte bringen. Dies ist natürlich sehr begünstigt durch die Tatsache, dass jeder nach Abdienung seiner Nährpflicht völlig frei für ein "zweites" und "eigentliches" Leben sein werde, das er, je nach Veranlagung und Neigung zu jeglichem Tun (oder auch Nichtstun) verwenden kann: "..... auch die unbedeutendste Art, sich zu beschäftigen, soll jedem gegönnt sein, der darin sich glücklich fühlt; er mag Tabakdosen, Pfeifen oder Briefmarken, oder Stöcke oder Waffen oder Hirschgeweihe sammeln, an der Drehbank tändeln, Uhren herstellen und dergleichen mehr. Alles das, soll und wird man können, und wird sich ihm ruhig hingeben, wenn die Lebenshaltung gesichert ist. Dabei mögen die Moralisten und Kulturphilosophen ungehindert den Menschen irgendwelche Ziele zeigen und anpreisen, die sie für höhere oder nützlichere halten ..... Die Freiheit, in hohem Masse sein Glück zu gestalten, wie man es selbst wünscht, das ist die sichere Errungenschaft der Lösung des sozialen Problems" (S. 13).

Die Menschen werden also ihre Freizeit auch zur Förderung der Künste und Wissenschaften verwenden können. Eine theoretische Begründung für die optimistische Annahme, dass sie es auch wirklich tun werden, gibt Popper-Lynkeus eigentlich nicht. Er muss sich darüber klar gewesen sein, dass das Zeugnis der Geschichte sie nicht unterstützt. In seiner Schrift "Die technischen Fortschritte nach ihrer ästhetischen und kulturellen Bedeutung" weist er darauf hin, dass die Renaissance durch eine fabelhafte Blüte der Wissenschaften und besonders der Künste gekennzeichnet war, während die Schätzung menschlicher Existenzen besonders tief stand.

Die Frage ist nicht entscheidend. Die Sicherung des Lebens jedes Einzelnen ist im Popper-Lynkeus'schen System von derart überragender Bedeutung, dass selbst, sollte es sich ergeben, dass die allgemeine Nährpflicht einen Niedergang der Künste und Wissenschaften nach sich ziehen würde, dies kein stichhaltiger Grund wäre, sie nicht einzuführen.

Soweit Popper-Lynkeus. Nachdem wir dargestellt haben, was er sagt, ist es am

Platze, kurz ins Licht zu rücken, wovon er nicht spricht.

Wie andere soziale Probleme als das der "Magenfrage" zu lösen sind - also Probleme wie Religion, Erziehung, Freizeitgestaltung, Frauenfrage, Kriminalität, Beziehung zwischen den Geschlechtern, oder die damals noch nicht "soziale" Rauschgiftfrage - all das weist er aus dem Bereich seines Planes fort. Die allgemeine Nährpflicht ist nicht dazu bestimmt, diese Fragen zu lösen. Er nährte allerdings die Hoffnung (die sich heute als weitgehend illusorisch erwiesen hat - siehe Schweden), dass die Lösung der Magenfrage entscheidend dazu beitragen werde, auch für andere Fragen, wie z.B. Krankheiten, Verbrechen usw. bessere Lösungen zu finden.

Bei allem Abscheu vor Gewalt und Krieg lehnte er die Verteidigung von Einzelnen und Gruppen nicht rundweg ab. Er wusste noch nichts von gewissen Problemen, wie den übernational projizierten Klassenaggressionen (im Stile der baltischen Länder, Ungarns und der Tschechoslowakei), Rassenkonflikten wie in Indien, Afrika und den U.S.A., Bevölkerungsexplosion, Oekologie, die sich seither herauskristallisiert haben.

Die heute so beliebte Frage nach der "gerechteren Verteilung des Reichtums" scheint ihm durch die Sicherung eines Minimums für alle gegenstandslos zu werden. Dem Neid muss nichts zu Liebe getan werden. Neidern wie Sybariten steht es frei, nach Absolvierung ihrer Dienstzeit im freien Sektor nach Reichtum zu jagen. Popper-Lynkeus war gegen das Elend; <u>nicht gegen den Wohlstand</u>.

Hier unterscheidet er sich vom Kommunismus, Sozialismus und ungezählten anderen "Wohlfahrts-Systemen". Seine Polemik gegen den Marxismus aber beruht im wesentlichen darauf, dass dieser einen konstruktiven Plan auf die Zeit nach der Machtergreifung - also möglicherweise auf Kalendas Graecas - verschob und dies übrigens unabhängig davon, ob die Machtergreifung mit demokratischen oder diktatorischen Methoden ins Auge gefasst war. Popper-Lynkeus' Streben konzentrierte sich darauf, die Not jedes Einzelnen zu beenden, und zwar durch einen konkreten Plan, an dessen Durchführung sofort gegangen werden kann. Die Not kann nicht warten, war sein Schluss, und mit der Hilfe gegen die Not darf man nicht warten.

Drittes Kapitel: Das Werk und der Mann
___

Vorbemerkung

Im zweiten Kapitel haben wir den Plan der "Allgemeinen Nährpflicht", d.h. den Plan, der die Not mit allen ihren Folgeerscheinungen für alle und für immer aus dem menschlichen Leben verbannen soll, ausführlich dargestellt. Für manche Leser mag unsere Darstellung zu ausführlich gewesen sein. Wir bedauern das - und können auch versprechen, dass es von jetzt an bequemer gehen wird - aber die vorausgehenden Ausführungen waren notwendig. Um einen Plan sinnvoll diskutieren zu können, muss man erst genau wissen, worin er besteht. Sollten wir einen Fehler gemacht haben, so eher den, zu wenig Einzelheiten gebracht zu haben.

Noch etwas anderes kann bei der Lektüre des Planes als störend empfunden werden. Er wirkt in vielen Dingen befremdend. Er ist mit dem Fluch der Originalität beladen, er lässt sich nicht klassifizieren. In mancher Hinsicht ist er überraschend radikal; in anderen Punkten dagegen fast zimperlich. Man weiss nicht recht, ob die Frage richtig gestellt ist und wenn sie es ist, ist die Lösung ein Ei des Kolumbus oder ist sie weltfremd und unrealisierbar? Anscheinend wurden unanfechtbare Berechnungen aufgestellt, aber auf der anderen Seite werden ganze Wissenschaften verachtungsvoll zur Seite geschoben. Man fragt sich: Der, der bald kühn, bald vorsichtig seine eigene Bahn durch jahrhundertealtes Gestrüpp schlug, was für ein Mann war das?

Wäre diese Frage bloss aus Neugier gestellt, so könnte sie einfach unbeantwortet bleiben. Auch soweit die Frage ein tieferes Interesse ausdrückt, aber dieses Interesse am Menschen und nicht an seinem Plan ist, müsste ihr ausgewichen werden. Wir gehen in den engen, durch das Buch gesetzte Grenzen, dennoch auf sie ein, weil wir glauben, dass das Verständnis für den Meister zum Verständnis für sein Werk entscheidend beitragen kann.

Damit wollen wir aber keineswegs der nur allzu verbreiteten Meinung das Wort reden, die sich einbildet, aus der Persönlichkeit des Denkers Schlüsse auf den endgültigen Wert seiner Gedanken ableiten zu können. Der Vulgärmarxismus glaubt, dass, weil die Angehörigen einer Klasse viel eher in bestimmte Gedankenrichtungen verfallen als die einer anderen Klasse, die einen imstande seien, die Wahrheit zu finden, die anderen dagegen zum Irrtum verdammt seien. Die Vulgärpsychoanalyse denkt, dass, weil sich aus den neurotischen Konflikten eines Menschen erklären lässt, wie er zu seinen Gedanken kam, sich daraus auch folgern lasse, ob diese Gedanken richtig oder falsch sind.

Wir beschränken uns auf das Wie, ohne auf das Warum einzugehen: Wir wollen die Denkweise unseres Autors zeigen, aber wir wollen nicht untersuchen, wie er zu ihr kam. Wir wollen ihn nicht "psychoanalysieren". Abgesehen von der nicht ohne weiteres als entschieden zu betrachtenden Frage, ob ein solcher Versuch überhaupt gelingen kann, wenn es sich um einen nicht mehr Lebenden handelt ("den wir nicht mehr auf die Couch legen können" - d.h., dessen freie Assoziationen nicht mehr verfügbar sind, an dem die eigentliche psychoanalytische Methode nicht mehr angewendet werden kann), müssen wir uns das, so verlockend es sein könnte, versagen, weil es ausserhalb des Zweckes dieses Buchs liegt. Popper-Lynkeus berichtet z.B. in seiner Autobiographie, dass er vier Brüder hatte, von denen drei als Kinder starben. Zweifellos war das von nachhaltigem Einfluss auf seine psychologische Entwicklung. Wir müssen uns aber damit bescheiden, solche Fragen hier unerörtert zu lassen.

Der Lebenslauf

Die "Selbstbiographie" erschien im Jahre 1917. Eine zweite Auflage wurde 1924 unter dem Titel "Mein Leben und Wirken - Eine Selbstdarstellung" herausgebracht. Der spätere Titel ist treffender. Fachleute haben von anderen Typen der Biographie einen unterschieden, den sie "Ergographie" nennen - die Beschreibung der Arbeit. Popper-Lynkeus' Buch ist von dieser Art: Von seinem Leben erzählt er nur insofern, als dessen Wechselfälle auf seine Arbeit direkten Einfluss hatten. Die einzigen anderen Quellen sind die vielen Eindrücke und Anekdoten, die von seinen Freunden und Bewunderern nach seinem Tode erzählt wurden. Sie beziehen sich so gut wie ausschliesslich auf die letzten 10 oder 15 Jahre seines Lebens; der Natur der Sache gemäss werden sie immer häufiger, je kürzer ihre Anlässe zurückliegen.

Man mag die Frage aufwerfen, ob es überhaupt notwendig, ja zulässig ist, für die Schilderung des Lebens eines Mannes, der eine Selbstbiographie geschrieben hat, andere Quellen als eben diese heranzuziehen. Wenn der Autor sich entschieden hat, nur bestimmte Fakten mitzuteilen, so muss man sich fragen, wer sind wir, um anderem nachzuspüren? Dieser Einwand erscheint uns weniger stichhaltig als er es vielleicht in Anwendung auf andere Personen wäre.

Popper-Lynkeus schrieb die Selbstbiographie auf Anregung des Chemikers, Philosophen und Nobelpreisträgers Wilhelm Ostwald, der die Hoffnung aussprach, dass durch diese Veröffentlichung "ein nicht unerheblicher Beitrag zur Kulturgeschichte unserer Zeit und der jüngsten Vergangenheit durch die Schilderung ihrer Umwelt und der Schwierigkeiten, welche zu überwinden waren, und der Förderungen, die Sie empfingen, entstehen wird." (Mein Leben, S. 93). Popper-Lynkeus mag angenommen haben, dass dazu seine persönlichen Gefühle und Erlebnisse belanglos waren. Darin steckt Bescheidenheit. Aber in Bescheidenheit steckt immer auch noch anderes. Es klingt zum Beispiel nicht bescheiden, wenn er sofort zu Ostwald's Aufforderung bemerkt: "Von 'Förderungen' kann ich nicht viel erzählen, von 'Schwierigkeiten', d.h. Widerständen, dagegen sehr viel." Warum sollte er auch so bescheiden sein? Nur Lumpe, sagt Goethe, sind bescheiden. Wir werden darauf zurückkommen.

Die Daten sind schnell erzählt. Josef Popper wurde am 21. Februar 1838 im Ghetto der böhmischen Stadt Kolin geboren. Sein Vater hatte ein "kleines Tuch- und Sämereiengeschäft". Seine Mutter zeichnete sich durch Wohltätigkeit aus, "hatte eine grosse Pietät für Männer der Wissenschaft und Kunst", liebte Mozart. Ihr Bruder (den er persönlich nie kennen lernte) hatte sich durch Abfassung von Büchern über Fragen der Religion und Mythologie einen Namen gemacht. Die Atmosphäre im Elternhaus brachte es dazu, dass Josef als Kind "nicht nur die Schriftsteller, sondern auch das Buch als solches als etwas Hohes betrachtete und beinahe jeden, der ein Buch herausgab, wie ein höheres Wesen ansah und bewunderte" (Zitate aus "Mein Leben", S. 1-3) - darin lag nichts Aussergewöhnliches; diese Geisteshaltung war im jüdischen Kleinbürgertum gang und gäbe; darf man hoffen, dass sie es noch ist?

Die Stationen seines Schulweges waren: die jüdische Schule bis etwa 12. Die Koliner christliche Kreishauptschule, ein oder zwei Jahre. Die Prager deutsche Oberrealschule, drei Jahre. Das Prager deutsche Polytechnikum, drei Jahre. Wiener Polytechnikum, zwei Jahre. Gegen 22 Jahre alt, war er also ein "ausgelernter" Ingenieur. Arbeit als solcher fand er nicht. Zwei Professoren des Prager Polytechnikums wollten ihn als Assistenten, aber als Jude konnte er nicht angestellt werden (das war die Zeit des österreichischen Konkordats mit dem heiligen Stuhl; eine solche Entscheidung entsprach anscheinend dem Gesetz). Im Jahre 1859 nahm er eine Stelle im Frachtenbüro einer Eisenbahn in Prag an, wurde aber nach zwei Jahren in den Banat versetzt, wo er prompt an Malaria erkrankte. In der Folge verliess er den Eisenbahndienst. Das kommende Jahr verbrachte er zuhause und erholte sich langsam von seiner Krankheit. Dann ging er nach Wien.

An Menschen, die aus den "Ländern der böhmischen Krone" nach Wien kamen, war kein Mangel. Viele von ihnen waren Juden und von einigen dieser stammt der grosse Teil des Glanzes, den die Hauptstadt des untergehenden Reiches ausstrahlte. Man denkt an S. Freud, G. Mahler, Karl Kraus. Meist waren die Leistungen dieser Menschen auf den Gebieten der Literatur, Musik, Philosophie, Justiz, Psychologie, Medizin. Als Techniker war Popper ein Einzelgänger unter ihnen.

Glanz gab es da freilich nicht. Popper gab ein paar Jahre lang eine auf wissenschaftliche und technische Berichte spezialisierte Zeitungskorrespondenz heraus. Allein und ohne finanzielle Mittel betrieben, brachte sie ihm "nicht mehr ein, als der damalige Gehalt eines Geschäftsdieners betrug" - und man kann sich leicht vorstellen, wieviel das war. Er war froh, diese Arbeit aufgeben zu können, als er eine Hofmeisterstelle fand. Durch zwei Jahre verdiente er damit seinen Lebensunterhalt und war auch in der Lage, als ausserordentlicher Hörer an der Wiener Universität seine Bildung zu verbreitern. Inzwischen hatte er auch begonnen, Erfindungen zu machen.

Die ersten waren Kesseleinlagen - "Blechapparate, die den Zweck hatten, das Anbrennen der Dampfkessel infolge von Schlamm- und Kesselsteinanhäufungen zu verhindern und eine vergrösserte Explosionssicherheit sowie Beschleunigung der Wasserzirkulation und Brennstoffersparnis zu erzielen" (S. 11). Obwohl später durch chemische Mittel ersetzt, waren diese Apparaturen für die Industrie jahrzehntelang sehr nützlich. Popper verlegte sich dann auf andere Erfindungen, speziell das "Selbstventilierende Gradierwerk". Die Verwertung seiner Ideen ermöglichte ihm, zu leben und auch genug für das Alter zu ersparen - so erschien es.

Ende 1897, also im Alter von 60 Jahren und chronisch leidend, zog er sich von seiner technisch-geschäftlichen Tätigkeit zurück. Er berbrachte die Jahre bis zu diesem Zeitpunkt grossenteils auf Reisen, vor allem, um seine Erfindungen zu installieren. Von nun an lebte er ständig in Wien und ab 1910 in einer Wohnung in der Woltergasse in Hietzing, einem der angenehmsten Bezirke der Stadt.

Mehr und mehr war er ans Haus, dann ans Zimmer und schliesslich ans Bett gefesselt. Anlässlich seines Umzuges im Jahre 1910 soll er zum letzten Mal ein Mittagessen ausser Haus eingenommen haben. Krieg und Inflation frassen seine Ersparnisse auf und schliesslich lebte er hauptsächlich von Beiträgen, die seine Freunde und Anhänger sammelten, ergänzt durch eine Ehrenpension der Stadt Wien, die aber ihrerseits durch die Inflation zusammenschmolz. Er starb in der Nacht zum 22. Dezember 1921. Die 24 Jahre von Ende 1897 an, als er seinen Beruf aufgab, bis - buchstäblich - zum Abend vor seinem Tod war er aktiver denn je. Die meisten seiner Schriften stammen aus dieser Periode und auch den letzten Tag seines Lebens verbrachte er arbeitend.

Die Schriften.

Popper's Werke liegen in verwirrender Fülle vor. Zur leichteren Orientierung kann man sie in drei Gruppen einteilen:

1. "Das Recht zu leben und die Pflicht zu sterben" und die Werke, in welchen die in diesem Buch skizzierten Gedanken ausgearbeitet sind;

2. Die naturwissenschaftlichen und technischen Schriften;

3. Die literarischen und persönlichen Werke.

Zur ersten Gruppe: Im Werk, in dem seine Laufbahn als Ethiker, Sozialphilosoph, Reformer - wie immer man es nennen will - beginnt und in gewissem Sinn schon kulminiert, "Das Recht zu leben" (1878), hat Popper sich die Aufgabe gesetzt, die Mittel zur Beseitigung der vermeidbaren Uebel zu finden, unter welchen die Menschen leiden: d.h. also jener Uebel, die nicht von der Natur verursacht sind, sondern die die Menschen sich und einander selber zufügen oder deren Ueberwindung durch gesellschaftliche Institutionen jetzt und jederzeit möglich ist. Unter diesen ist es die soziale Frage, die uns hier beschäftigt.

Als weitere zählt er auf: Die Probleme der "religiösen und metaphysischen Bedürfnisse", der "Umänderung unserer Strafgesetzgebung" und der "Verbesserung der Gesetze über die Verpflichtung zum Kriegsdienst". Die Bücher, in denen er seine Antwort auf diese Fragen ausführlich gegeben hat, sind: "Voltaire" (1905); "Fundamente eines neuen Staatsrechts" (1905); "Ueber Religion" (um dieselbe Zeit geschrieben, aber erst 1923, aus dem Nachlass, veröffentlicht); "Das Individuum und die Bewertung menschlicher Existenz" (1910; später aus dem Nachlass unter dem Titel "Das Ich und das soziale Gewissen" neu aufgelegt); "Krieg, Wehrpflicht und Staatsverfassung" (1921); und "Philosophie des Strafrechts" (aus dem Nachlass, 1924). Man kann auch "Fürst Bismarck und der Antisemitismus" (1886) zu dieser Gruppe rechnen.

Alle diese Werke sind im selben Geist verfasst wie die "Allgemeine Nährpflicht". Es ist nur konsequent, wenn Popper in seiner Selbstbiographie sagt, dass die Fragen, mit denen er sich im Buch über die "Allgemeine Nährpflicht" und in diesen anderen Büchern beschäftigte, dringender seien als die anderen Probleme der Welt, ausgenommen die der Medizin und der Hygiene.

Zu der zweiten Gruppe: Trotz dem Primat, das er den Fragen der Gesellschaft zuteilte, publizierte Popper sogar weit mehr auf dem Gebiet der Naturwissenschaften und der Technik; keineswegs nur über seine persönlichen Arbeitsinteressen, wie Kesseleinlagen, sondern vor allem über Probleme der Aerodynamik und der Luftschifffahrt. Je nachdem, wie man die Grenze zieht (man mag kurze Bemerkungen, Entgegnungen, Einsendungen etc. als selbständige Titel zählen oder nicht), kommt man zu einer höheren oder niedrigeren Ziffer, aber eine Zahl von etwa 50 scheint nicht unangemessen. Einige dieser Arbeiten sind recht umfangreich; "Der Maschinen- und Vogelflug" zum Beispiel weist über 100 Seiten auf. Die Reihe dieser Veröffentlichungen begann im Jahre 1860, als der Autor 22 Jahre alt war und begleitete ihn während seiner ganzen Laufbahn. Sie blieben sein Lieblingsinteresse und endeten erst mit seinem Tod.

Es ist nicht leicht, sich über den wissenschaftlichen Wert seiner Arbeiten ein Urteil zu bilden. Wir können aber beifügen, dass anerkannte Forscher, wie Robert Mayer, der Entdecker des Gesetzes zur Erhaltung der Energie, und auch Theodor von Karman, der moderne Aerodynamiker, Popper-Lynkeus' Schriften ihre Aufmerksamkeit schenkten. Eine besondere Frage stellte sich über die Priorität an der Entdeckung des Prinzips der elektrischen Kraftübertragung; diese komplizierte Angelegenheit jedoch werden wir hier nicht behandeln.

Eine glückliche Verbindung seiner technischen und sozialen Begeisterung erreichte Popper in seiner Studie "Die technischen Fortschritte nach ihrer ästhetischen und kulturellen Bedeutung", die er im Jahre 1888 erst in der Zeitschrift des österreichischen Ingenieur- und Architekten-Vereins und dann als separates Buch veröffentlichte. Hier rechtfertigt und feiert er die Technik als die Macht, die es vermag, den Fluch vom Menschen zu nehmen, im Schweisse seines Angesichts sein Brot essen zu müssen (Popper hatte nichts gegen den Schweiss, sondern viel eher dagegen, dass das Brot nicht reichte), als auch als eine ästhetische Macht. Er zeigt, wie die vermeintliche Nützlichkeit oft nur eine Art Vorwand für die Freude an der technischen Leistung ist und wie die hergebrachte Blumen- und Nachtigallenpoesie des Bürgertums von der neuen Schönheit überholt wird, die mit der Technik in die Welt kam.

"..... so sehen wir, dass wir durch das vor gar nicht so langer Zeit erfolgte lebhafte Erwachen des technischen Triebes und der Empfänglichkeit für seine Gestaltungen eine neue Art ästhetischer Anregung und Empfindung, ein neues Kapitel der künstlerischen Begabung gewonnen haben ..... Das eigentümliche ästhetische Interesse an der Durchführung der transatlantischen Kabellegung oder seinerzeit der Eröffnung der ersten Lokomotiv-Eisenbahn ist ganz analog jenem der Athener an der Vollendung eines architektonischen öffentlichen Werkes oder an der Aufstellung einer Statue des Phidias oder Praxiteles" (Fortschritte, S. 16 und 17).

Die dritte Gruppe besteht aus der Selbstbiographie, ein paar kleineren Schriften und einem ganz für sich stehenden Werk, den "Phantasien eines Realisten".

Die Phantasien erschienen im Jahre 1899 unter dem Pseudonym Lynkeus. Popper publizierte schon früher gelegentlich anonym oder pseudonym, ohne dass jemand davon Aufhebens gemacht hätte. Diesmal war es anders. Als er seine Identität enthüllte, blieb der gewählte Name haften. Josef Popper war von diesem Moment an Josef Popper-Lynkeus. Unter diesem Namen erschienen seine späteren Bücher und so wurde er in der Oeffentlichkeit von Freund und Feind tituliert. Der Name steht auf seinem Grabstein. Sein Denkmal im Wiener Rathauspark trägt die einfache Aufschrift "Popper-Lynkeus". Unter diesem Namen wird ihm zuteil werden, was immer an Unsterblichkeit ihm beschieden sein wird.

Warum Lynkeus? Diesen Namen (der Scharfsichtige, von lynx, Luchs) führte der Steuermann der Argonauten. Doch die Gebildeten seiner Zeit kannten den Namen eher indirekt als den Namen des Türmers im Zweiten Teil Faust. So haben auch Kritiker wie Bewunderer Popper-Lynkeus gelegentlich den "Türmer" genannt. Man denkt hier vor allem an die Strophe im V. Akt (Zeile 242-245):

> Ihr glücklichen Augen,
> Was jeh ihr gesehn,
> Es sei, wie es wolle,
> Es war doch so schön!

Die letzten Zeilen findet man in einem Feuilleton in der Wiener Neuen Freien Presse, "Tragisches", das aus Notizen aus dem Nachlass von Popper-Lynkeus besteht, zitiert; übrigens nicht ganz genau.

Aber in Goethe's Drama wird die Sicht des Türmers sofort eine ganz andere: Er sieht die Hütte von Philemon und Baucis in Flammen aufgehen. Mephistopheles hat von Gewalt Gebrauch gemacht, um Faust die Arrondierung seines Schlossparkes zu ermöglichen, und das alte Paar kommt dabei ums Leben. Goethe hat kaum sonst irgendwo so poetisch und doch so mit Klarheit eines Gerichtsprotokolls gezeigt, wie rücksichtslos und ruchlos Männer der herrschenden Klasse den Besitz und selbst das Leben Armer und Schwacher vernichten, um sich selbst noch mehr Luxus ermöglichen zu können. An welche der beiden Rollen des Lynkeus mag Popper wohl gedacht haben?

Die "Phantasien", für welche er diesen Namen wählte, sind ein Buch, auf das ausnahmsweise ein abgedroschener Ausdruck passt: sie spotten der Beschreibung. Popper-Lynkeus selbst sagt, dass das Buch "eine Sammlung von ungefähr 80 Piecen darstellt, die alle frei erfunden sind und im Grunde sich wegen ihrer Mannigfaltigkeit mit wenigen Worten nicht näher charakterisieren lassen" (Selbstbiographie, S. 46). Tatsächlich hängen die 80 "Piecen" äusserlich gar nicht und innerlich nur lose miteinander zusammen. Und warum sollten sie es auch? Sie wurden im Verlaufe von 33 Jahren geschrieben, manche sind kurz und manche lang (von zwei Zeilen bis über 30 Seiten), einige lesen sich wie Rätsel aus dem Ideenkreis des Zen-Buddhismus und andere wie Dialoge aus einem realistischen historischen Roman.

Thematisch ist das Buch äusserst vielseitig. Den grössten Raum nehmen die zwei Themenkreise Religion und Sexualität ein. Man kann sich denken, dass Popper-Lynkeus der letzteren sympathisch gegenüber steht, und zwar so objektiv, dass ungewöhnliche Betätigung des Geschlechtstriebes weder vernachlässigt noch verurteilt wird, sondern bloss berichtet. Prostitution, Ehebruch, auch Inzest und Lustmord kommen vor. Einige kurze, dramatisch zugespitzte Erzählungen handeln von Dreiecksbeziehungen und tendieren dazu, mit dem mehr oder weniger gewaltsamen Tod aller Teilnehmer zu enden.

Das "Uebernatürliche" spielt eine unbedeutende Rolle und soweit Phantasie im gebräuchlichen Sinne des Wortes vorkommt - dass etwas geschieht, das in Wirklichkeit nicht passieren kann - ist es klar, dass das Ereignis nicht wörtlich gemeint ist. Später wurde dafür das Wort Surrealismus geprägt. Vieles hat Popper-Lynkeus nach seinen eigenen Träumen aufgezeichnet. In einem Brief an einen "sehr geehrten Herrn Doktor" - man darf hier vermuten, dass es sich um Freud handelte - zählt er 15 "Traumstücke oder - stellen" aus den Phantasien auf.

Beide Teile, in die das Buch gegliedert ist, schliessen mit philosophischen Meditationen in erzählender Form. Die eine, "Philosophische Windrose", endet damit, dass der Philosoph mit dem Ausruf "Friss mich, du furchtbar ungeheure Welt, dann bin ich du! Mag ich zur Schlange werden, dann kann auch ich im Mondlicht glänzen!" sich einer Riesenschlange in den Rachen wirft. Der Titel der anderen, "Der Weltangstschrei", bedarf keiner Erläuterung. Der letzte Satz lautet: "aber das gibt uns den Trost nicht, den wir suchen; und wir hören den Weltangstschrei noch hier im Licht, wie vorhin draussen in der dunklen Nacht!" "Es sei, wie es wolle, es war doch so schön"?

Ein Mensch mit seinem Widerspruch.

Wir hätten uns nicht erlauben dürfen, diese Uebersicht des Lebens und Werkes von Popper-Lynkeus um ihrer selbst willen zu geben. Sie ist nur insoweit gerechtfertigt, als sich aus ihr Schlüsse auf die Persönlichkeit und Denkweise des Mannes ziehen lassen und sich somit die Gedanken um das Nähr-Programm erhellen. Was lässt sich nun aus Leben und Werk erschliessen?

In die Augen springt, dass Popper-Lynkeus Ingenieur war. Das war kein Zufall oder ein aufgezwungener Beruf, er war ein passionierter Ingenieur und sein ingenieurmässiges Denken färbte auf seine geistigen Unternehmungen auf anderen Gebieten ab, dies auf verschiedenen Gebieten der Wichtigkeit.

Da sind zunächst Fragen des Stils und der Ausdrucksweise. An einer Stelle der allgemeinen Nährpflicht will Popper-Lynkeus z.B. die Unterschiede im Verhalten von Nationen anschaulich machen: "Manche Völker sind wie ein ruhig stehendes Wasser, das in einem Gefäss mit ganz glatten Wänden erhitzt wird. Das Wasser kann bereits seinen Siedepunkt erreicht, ja schon überschritten haben, und es verwandelt sich noch immer nicht in Dampf, es lässt sich überhitzen, es tritt ein 'Siedeverzug' ein .... So können Ideen und Ueberzeugungen ....." (S. 365). Ein solcher Vergleich kann nur dem Zweck dienen, dem Leser etwas Unbekanntes durch Heranziehen von etwas Bekanntem näher zu bringen; aber man kann kaum annehmen, dass seine Leser vom Siedeverzug eine Ahnung hatten. Für den Erfinder von Dampfkesseleinlagen war das natürlich anders.

Wichtiger ist, dass sein Interesse dem Ausführbaren galt. Sein Onkel hatte einen der ersten deutschen Raumfahrtromane geschrieben (vielleicht den ersten), "Die Seleniten oder die Mondbewohner wie sie sind. Aus den Papieren eines Luftseglers" (1834). Bedenkt man den grossen geistigen Einfluss auf ihn, den er seinem Onkel in der Selbstbiographie zuschreibt, so scheint die Vermutung nicht zu abwegig, dass seine lebenslange Begeisterung für das "Luftsegeln" vielleicht hier ihren Ursprung hat. Doch für Reisen auf den Mond - die erst ein Menschenalter nach seinem Tod in den Bereich des Möglichen gerückt sind - zeigte er kein Interesse.

Die bedeutsamste Wirkung der technischen Denkweise auf seine Reformpläne aber zeigt sich darin, dass, wenn er einen Plan als ausführbar erkannte, das Problem somit für ihn erledigt war, wo es für den nicht ingenieurmässig Denkenden erst beginnt. Hieraus erklärt sich, dass paradoxerweise gerade Popper-Lynkeus oft als Utopist bezeichnet wurde. Hier eröffnet sich vielleicht auch ein Zugang zu der Frage, warum seine Ideen so selten sachliche Würdigung fanden, obwohl sie es doch offensichtlich verdienten. Hier muss aber auch berücksichtigt werden, dass sich bei Popper-Lynkeus das technische Denken mit anderen Eigenschaften zu einem einzigartigen Charakterbild vereinte.

Aus vielen Berichten geht hervor, dass er als Persönlichkeit einen unwiderstehlichen Eindruck erweckte. Alle erzählen davon, die ihn persönlich kannten. Seine Güte und

Menschenliebe, seine Weisheit, Originalität und Klarheit seines Denkens, werden hervorgehoben. All dies strahlte offensichtlich stärker von ihm selbst aus, als dies bei seinen Schriften der Fall war, war jedoch nicht auf die Menschen beschränkt, die persönlichen Kontakt mit ihm hatten.

Freud ist Popper-Lynkeus nie persönlich begegnet, fühlte sich aber von seinem Charakter angezogen, besonders weil er in einer der Geschichten aus "Phantasien" ein Ebenbild seiner eigenen grundlegenden Ideen über den Traum fand. Kurz nach Popper-Lynkeus' Tod schrieb er: "Ich glaube, was mich dazu befähigt hat, die Ursache der Traumentstellung aufzufinden, war mein moralischer Mut. Bei Popper war es die Reinheit, Wahrheitsliebe und moralische Klarheit seines Wesens" (Josef Popper-Lynkeus und die Theorie des Traumes", Gesammelte Werke, Bd. XIII, S. 359). Neun Jahre später gelangte er zu einem ähnlichen Schlusse: In einer Figur in den "Phantasien" "hatte Popper jene innere Harmonie walten lassen, die in einem Staatskörper herzustellen sein Ziel als Sozialreformer war. Und wenn die Wissenschaft uns sagt, dass ein solcher Mensch, ganz ohne Arg und Falsch und ohne alle Verdrängungen, nicht vorkommt oder nicht lebensfähig ist, so liess sich doch erraten, dass, soweit eine Annäherung an diesen Idealzustand möglich ist, sie in Poppers eigener Person ihre Verwirklichung gefunden hatte" (Gedenknummer der Zeitschrift Allgemeine Nährpflicht, Februar 1932; abgedruckt in Gesammelte Werke, Bd. XVI).

Es ist interessant, dass Popper-Lynkeus, der radikale Vorkämpfer der Rationalität, unter allen Tugenden eine wenigstens in ihrer Formulierung wenig rationale besonders hoch schätzte, nämlich die Pietät. Diese hat gewiss jenen die Feder geführt, die ihn öffentlich würdigten - fast alle diese Briefe und Artikel sind, so wie Freud's, erst n a c h seinem Tode geschrieben worden. Wir glauben, dass zum besseren Verständnis zwar nicht eine Korrektur, aber eine gewisse Verschiebung des Akzentes am Platze ist. Wir würden sagen, dass neben Qualitäten wie Klarheit und Schärfe des Verstandes, die ja jedem grossen Schriftsteller eigen sind und daher Popper-Lynkeus nicht von anderen unterscheiden, die ihm ebenbürtig sind, es vor allem zwei Eigenschaften sind, die seinem Denken eine besondere Färbung verleihen: Naivität und Unbedingtheit.

"In meinem sechzehnten Jahre lernte ich jenen Schriftsteller kennen, der seither meine Lebensauffassung mehr als jeder andere beeinflusste" (Mein Leben, S. 68) - nämlich Montaigne, dessen Essais (in deutscher Uebersetzung) er zufällig in die Hand bekam. Als andere grosse, literarische Einflüsse nennt er Voltaire und Rousseau und an deutschen Autoren, Lichtenberg, Schiller und Kleist. Voltaire verehrte er über alle andern und hat ihm in Buch nach Buch neue Kränze gewunden.

Dies ist sehr merkwürdig, denn man kann sich kaum einen schärferen Kontrast denken als den zwischen seiner Denkweise und Wirken und dem Voltaires. Naivität hatte Voltaire wohl; aber was die Unbedingtheit betrifft, so war er das wahre Gegenteil von Popper-Lynkeus. Dieser mag Voltaire wohl deshalb so verehrt haben, weil er gerne von seiner Unbedingtheit losgekommen wäre, was ihm aber nicht gelang. Es wäre gegen seine Natur gewesen.

"Das Recht zu leben" erschien 1878 und in zweiter Auflage 1879. Im Jahre 1902 bereitete Popper-Lynkeus eine dritte Auflage vor. Er beschloss, das Buch im wesentlichen unverändert zu lassen. Eine Aenderung jedoch, die er doch vornahm, war die "Einschaltung eines Passus betreffend das Malthus-Problem" (S. V.). Im Text selbst führt er zunächst aus, dass Malthus wahrscheinlich Unrecht hatte, dass kein Grund zur Befürchtung zu sehen sei, die Bevölkerung werde einmal so über die Produktionsmöglichkeiten hinauswachsen, dass Hungersnot ausbrechen würde (das war natürlich vor der Bevölkerungsexplosion geschrieben und musste damals wissenschaftlich solid erscheinen); statt mit Malthus' Gesetz habe man es eher mit dem "Malthusischen Gespenst" zu tun.

Vor diesem dürfe es keine Klassenunterschiede geben. "Die praktische Ausführung dieses Gleichheitsgedankens wird in folgendem bestehen: Dass ein spezieller Kataster der Anzahl der Kinder jedes Ehepaares und für uneheliche Geburten jeder Mutter angelegt wird. Wenn sich nun wegen drohenden Mangels an notwendigen Nahrungsmitteln die Notwendigkeit ergibt, eine Bevölkerungszunahme zu verhindern, so werden Neugeburten der kinderreichsten Mütter von Staats wegen sofort getötet. Der Kataster der Kinderzahlen jeder Mutter muss daher täglich in Evidenz gehalten werden ...." (S. 92).

Popper-Lynkeus scheint auf diese Idee stolz gewesen zu sein: In der Selbstbiographie erwähnt er sie als "von besonderer praktischer Bedeutung" (S. 86). In der ersten Auflage der "Allgemeinen Nährpflicht" widmet er dem Problem 36 Seiten. In der 2. Auflage (die im ganzen nur halb so lang ist) ist die Stelle zwar bis zur Unkenntlichkeit verkürzt worden, aber es findet sich dort die Bemerkung, dass der Plan "mit möglichster Berücksichtigung aller hier herrschenden Gefühle" durchzuführen sein (S. 152).

Man kann sich kaum eine grossartigere Vereinigung von Naivität und Unbedingtheit vorstellen als eine, die ein derartiges Resultat produzieren kann; doch begegnet man hier noch einer dritten Eigenschaft: dem Bedürfnis, für alles, aber auch wirklich für alles, im vornherein eine Regel festzulegen, sodass nichts der spontanen, individuellen Entscheidung eines Einzelnen überlassen bleibt, sondern jedes Dilemma - auch eines, das kaum wahrscheinlich ist - dadurch entschieden werden kann (und muss), dass man in einem autoritativen Buch nachsieht, wo alle Antworten zu finden sind. Eine solche Geisteshaltung mag mit zum ingenieurmässigen Denken gehören, aber sie ist auch charakteristisch für die Schöpfer der grossen, erdrückenden religiösen und juridischen Systeme und muss am Hofe Justinians genau so gang und gäbe gewesen sein, wie dies bei den Verfassern des Talmuds der Fall war. Solche Systeme sind darauf angelegt, den Menschen Gutes zu tun, sie aber eher unterwerfen als befreien. Wie war es mit Popper-Lynkeus' Menschenliebe? Hier gibt es Fingerzeige.

Margit Ornstein, die Verwalterin seines literarischen Nachlasses, der zu einem guten Teil die Erhaltung seines Werkes zu verdanken ist, bemerkt, dass nach Merschekowski ein Umgestalter der Welt zwei Eigenschaften brauche, Liebe und Verstand, nach Popper-Lynkeus aber noch eine dritte, den Zorn (Allgemeine Nährpflicht, S. VII).

Was man in den Bildern eines Menschen sieht, ist unvermeidlicherweise subjektiv. Aber der Eindruck, der von den Fotografien Popper-Lynkeus' ausgeht, ist zu stark, als dass er hier unerwähnt bleiben dürfte: Man spürt diesen Zorn. Wir haben das Gefühl, dass dieser Mann uns prüfend, geradezu unwillig anschaut, durch uns hindurchsieht, uns als unzureichend verwirft. Anekdoten vervollständigen diesen Eindruck. "Wie zehn Feldmarschallleutnants" soll er ausgesehen haben. Als er einmal ein Lokal besuchte, das hauptsächlich von Offizieren frequentiert wurde, wären tatsächlich viele aufgestanden, weil sie in ihm einen pensionierten General vermuteten.

Die Not war einer der grossen Topics der Literatur des 19. Jahrhunderts. Dickens, Andersen, Hauptmann, Zola, Gorki, Hausmann und eine Schar anderer gestalteten das Leiden des Menschen, der nicht genug zu essen hat. Man würde erwarten, davon noch mehr bei einem Schriftsteller zu finden, dem ein Platz in der Geistesgeschichte vor allem dank seines Plans zur Beseitigung der Not zukommt. Doch in den "Phantasien eines Realisten" findet sich sozusagen alles, mit Ausnahme gerade dieses Problems. Die Charaktere in diesen Geschichten leiden durch Geschlecht und Gewalt, Krieg, Religion, Philosophie - doch nicht durch Not. Diese "Phantasien" niederzuschreiben, trieb ihren Autor "ein merkwürdiger und überaus starker Drang .... meinen Empfindungen und Gedanken über allerlei Persönlichkeiten, über Vorgänge wie über Zustände in der menschlichen Gesellschaft in poetischer Form Ausdruck zu geben, so dass ich es buchstäblich tun musste" (Mein Leben, S. 46). Diese "Phantasien" kamen also aus tiefen Schichten der Seele, aus dem Unbewussten, das dem Autor selbst dunkel war, an das Licht der Oeffentlichkeit. Es handelte sich um Phantasien, die sich Luft machen mussten. Keine Phantasie der Menschenliebe befand sich unter ihnen.

Kam Popper-Lynkeus' Menschenliebe eher aus Ueberlegung als aus Gefühl? War ihr eine starke Portion der Liebe beigemischt, die man für ein Werk oder einen Werkstoff empfinden mag? Von dieser Liebe wusste der begeisterte Ingenieur, der Autor der "Technischen Fortschritte" viel zu sagen. Kein Ausdruck konnte ihm verabscheuungswürdiger vorkommen als der eher aus dem Bereich der Generäle stammende Ausdruck "Menschenmaterial". Aber es war unumgänglich, dass Menschen das Material zu sein hatten, aus dem seine Pläne geformt waren. Ein skurriles Detail findet sich in der "Allgemeinen Nährpflicht": Vorschläge zu Eindämmung der Landflucht werden erörtert, der Gedanke wird erwogen, die Einwohnerzahl der Städte gesetzlich oder administrativ zu beschränken. Zu diesem Zwecke wird auch das folgende Argument herangezogen: "Da aber eine Ueberfüllung der Städte, und besonders die Evakuierung des Landes manche Uebelstände mit sich führen, u.a. die Verminderung der landwirtschaftlich zu benützenden Fäkalien - so lange noch keine praktische Methode, sie zu benützen, für die Städte existiert ....." (S. 282).

Die Selbstbiographie schliesst mit den Worten: "Ich bin zufrieden", Geschrieben im Jahre 1917! Popper-Lynkeus war alt, krank, seine materiellen Mittel schmolzen zusammen. Der Lebensmittelmangel in Wien steigerte sich zur Hungersnot. Der Krieg wütete, sein Ende war nicht abzusehen. Die Welt taumelte in die Barbarei vergangener Jahrhunderte zurück. Von der Achtung und Sicherung menschlicher Existenzen war sie weiter denn je entfernt. Wie nur konnte Popper-Lynkeus zufrieden sein? Er konnte es, weil er so völlig davon überzeugt war, dass die Zukunft ihm gehörte. An einer Stelle der "Allgemeinen Nährpflicht" spricht er davon, sein Programm "in alle Ewigkeit" sicherzustellen (S. 152).

Ergibt sich aus all diesem ein einheitliches, harmonisches Bild dieses merkwürdigen Mannes? Nein. Für ihn gilt besonders eindrücklich C.F. Meyer's Spruch:

> "Das heisst: Ich bin kein ausgeklügelt Buch,
> Ich bin ein Mensch mit seinem Widerspruch."

Diesem Widerspruch entsprang sein Werk,

Viertes Kapitel: Zur Debatte über den Plan

Was soll diskutiert werden und wie?

Wer über einen Plan ernstlich nachdenken oder ihn diskutieren will, benötigt zunächst Informationen über den Plan selbst und in der Folge auch darüber, aus welchem Boden er gewachsen ist. Dies wurde im 2. Kapitel und auch im 3. getan. Da der Plan relativ alt ist, wird man die Erfahrungen berücksichtigen, die seither gemacht wurden. Auf diesen Grundlagen kann man sich ein Urteil bilden. In dieser Hinsicht ist auch nützlich, von anderen - fertigen und halbfertigen - Meinungen zu hören, an welchen die eigenen gemessen werden können.

Dieses Material liefern wir in diesem Kapitel. Propaganda soll nicht getrieben werden, da wir nicht danach streben, die Leser von der Güte des Popper-Lynkeus'schen Planes zu überzeugen. Wenn der Plan selbst das nicht vermag, wird es kaum nützen, wenn wir versuchen, ihn aufzupolieren. Wenn ein denkender Mensch nach gründlicher Erwägung zum Schlusse kommt, dass der Plan nicht gut genug ist, so muss das hingenommen werden, indem man nach Besserem sucht. Ohnedies wird kaum jemand daran denken, den Plan heute - nach 60 Jahren - wortwörtlich, wie er geschrieben wurde, zu verwirklichen. Eine vernünftige, politische Willensbildung anzuregen, die diesen Plan nicht ignoriert, das ist unser eigentliches Streben.

Daher glauben wir, dass es möglich und nützlich ist, die wesentlichen Elemente des Plans nach drei Gesichtspunkten zu diskutieren:

Die Argumente Für und Wider; die relevanten Erfahrungen der letzten 60 Jahre; mögliche Modifikationen.

Was wir nicht zur Diskussion stellen wollen: Punkte, die klar genug, oder im Gegenteil, so ungewiss sind, dass wir weder im einen noch anderen Fall nutzbringend zur Diskussion beitragen können.

Die Werturteile und Axiome, vor allem die Bewertung des menschlichen Lebens. Darüber mag man durchaus ehrenhafterweise verschiedener Ansicht sein. Doch wenn das menschliche Leben nicht hoch eingeschätzt wird, fehlt der Diskussion der gemeinsame Boden.

Details, die besser der Entscheidung in der Zukunft überlassen werden - wie bereits gesagt, erscheint es weder notwendig noch sinnvoll, alles im vornherein regeln zu wollen.

Die Probleme, die kein Licht darauf werfen, ob der Plan, ein grösserer oder kleinerer Teil davon, durchführbar ist und durchgeführt werden soll. Dazu gehören

Fragen der Klassifikation: Ist das System von Popper-Lynkeus sozialistisch, kapitalistisch, utopistisch, anarchistisch, usw. usw.? Bruno Frei z.B. sagt in seinem kürzlich erschienenen Buch über Popper-Lynkeus ("Der Türmer," Wien 1971): "Ein Utopist? Gewiss, aber ein liebenswerter Geist..." (S. 8) - als ob ein Utopist nicht ein liebenswerter Geist sein könnte. Aber gesetzt, dass dies der Fall wäre, so würde das vielleicht geistesgeschichtlich von hohem Interesse sein, doch für unseren Zweck unwichtig.

Was sind nun die "Elemente des Plans", von denen wir sprachen? Rekapitulieren wir kurz die Grundsätze:

1. Jedes Menschen Lebenshaltung soll durch den Staat gesichert werden. Niemand soll Not leiden oder Not auch nur fürchten müssen.

2. Der Staat soll an jeden, ausnahmslos und bedingungslos, lebenslang ein Minimum verteilen.

3. Das Minimum soll die Grundbedürfnisse in natura decken. Zur Deckung der differenzierteren "kulturellen" Bedürfnisse soll ein (relativ kleiner) Geldbetrag ausgeschüttet werden.

4. Das Minimum in natura soll von einer Nährarmee produziert werden. Der Dienst in ihr soll allgemein sein.

5. Das ganze übrige Leben der Menschen und die ganze Wirtschaft, die sich mit anderem befasst, als der Herstellung und Verteilung der lebensnotwendigen Güter, bleiben vollkommen frei.

Es ist klar, dass diese fünf Grundsätze nicht nebeneinander stehen, sondern in einer hierarchischen Ordnung: Der speziellere und konkretere folgt aus dem allgemeineren und abstrakteren. Satz 1 ist das Axiom; 2. das auf Grund des Axioms gesetzte Ziel; 3. die Präzisierung des Zieles; 4. der Weg dazu (die Nährarmee mag auch sonst nützlich sein; aber zu rechtfertigen ist sie nur daraus, dass sie - was allerdings zu beweisen ist - zur Erreichung des Zieles unerlässlich ist); 5. die Beschränkung des Plans, die Vermeidung tieferer Eingriffe als notwendig sind.

Die Prinzipien sind erst die Grundlage. Zum Plan werden sie dadurch, dass Popper-Lynkeus ihre Verwirklichung durchgerechnet hat. Darin unterscheidet sich sein System von anderen Vorschlägen zur Lösung der sozialen Frage. Für den gedachten, zukünftigen Staatsbürger, der unter dem System leben soll, sind die Einzelheiten oft wichtiger als die Grundsätze. Es macht vielleicht keinen so grossen Unterschied, ob man z.B. zum Dienst in einer Nährarmee verpflichtet ist, als die Dauer der Jahre, in welchen man in ihr dienen soll. Ein oder zwanzig Jahre, das ist der grosse Unterschied.

Wir greifen sechs Problemgruppen heraus, deren Diskussion uns speziell vielversprechend scheint, weil sie den besonderen Charakter dieses Plans ausmachen und weil es hier um konkrete Regeln und Ziffern geht:

1. Die Frage der Zuteilung des Minimums in natura
2. Die Neubemessung des Minimums für unsere Zeitverhältnisse
3. Die Regeln des Dienstes in der Nährarmee
4. Das Schicksal des privaten Sektors der Wirtschaft
5. Die Durchführbarkeit des Planes im ganzen
6. Der Plan im Vergleich zu anderen Lösungsversuchen

Wer von einem Plan hört, die Not aus der Welt zu verbannen und dazu noch mit einfachen, uns ohne weiteres verfügbaren Mitteln, ist versucht, mit dem seinerzeit populären Lied auszurufen: "Das ist zu schön, um wahr zu sein!" Dem wird von anderer Seite entgegengehalten, dass es zwar wahr sein mag, aber nicht schön. Wird der Steuermann Lynkeus zwischen dieser Scylla und Charybdis einen Kurs in den sicheren Hafen finden?

Muss das Minimum in natura gegeben werden?

"Die Werksküche war tief unter der Erde, ihre Decke war niedrig, die Leute standen Schlange, der Lärm war betäubend. Aus den Kesseln stieg der Dunst des Essens auf, ein saurer Eisengeruch, der die Ausdünstung des "Victory-Gin" nicht ganz überdecken konnte. Die Bar war eigentlich nur eine Nische in der Wand, wo man um zehn cent eine reichliche Portion bekam."

Bevor Winston dorthin vordringt, wird er von einem Kollegen um eine Rasierklinge angepumpt. Seine "gewissermassen mit schuldbewusster Eile" gegebene Antwort, dass er keine habe, führt ihn zu dieser Ueberlegung: "Immerfort fragen einen die Leute um Rasierklingen. Er hatte in Wirklichkeit zwei gehamstert. Seit Monaten gab es keine zu kaufen. Zu jedem gegebenen Zeitpunkt gab es irgendeinen notwendigen Artikel, der im Parteiladen nicht zu kriegen war: einmal Knöpfe, einmal Stopfwolle, einmal Schuhriemen; jetzt waren es Rasierklingen."

Inzwischen macht die Menschenschlange einen Ruck, Winston kommt an die Reihe. "Sie nahmen jeder ein fettiges Tablett von einem Stoss. Es füllte sich schnell mit dem vorgeschriebenen Mittagessen: Ein Blechnapf mit rötlich-grauem Brei, ein Klumpen Brot, ein Würfel Käse, ein Humpen "Victory-Kaffee" ohne Milch, und eine Pille Sacharin. Den Gin bekamen sie in henkellosen Tongefässen. Sie wanden ihren Weg durch den überfüllten Saal und räumten ihr Geschirr auf den blechüberzogenen

Tisch. In einer Ecke hatte jemand eine Lache von seinem Brei stehen lassen, eine schmutzige suppige Masse, die aussah wie Erbrochenes. Winston begann seinen Brei zu löffeln. Ausser allerhand unbestimmtem Zeug enthielt er auch ein paar Würfel einer schwammigen rosa Masse, die wahrscheinlich irgendwie aus Fleisch gemacht war. Niemand sprach, bis sie ihre Näpfe geleert hatten."

Viele heute Lebende haben Erfahrungen als Empfänger von Naturalleistungen, die Popper-Lynkeus und seinen Zeitgenossen erspart waren. Abgesehen vom Militärdienst gab es da Lager, Ausspeisungen, Hilfsaktionen - Orwells appetitanregende Beschreibung einer künftigen Werksküche klingt nicht so verzerrt, wie man es gern wahrhaben möchte. Der gesunde Menschenverstand sagt einem, dass keinerlei Grund zu sehen ist, warum es in einem nach dem Plan von Popper-Lynkeus eingerichteten Zukunftsstaat so zugehen sollte wie in "1984". Doch andererseits, wer kann sich dafür verbürgen, dass es nicht doch so kommen wird?

Zwar lässt einem ja das System von Popper-Lynkeus die vollkommen ungehinderte Freiheit, sich von dem, was man in der Privatwirtschaft verdient, zu kaufen was man will und sich seine Mahlzeiten im feinsten Restaurant servieren zu lassen. Wenn einem aber das Minimum so verekelt wird, dass man dazu seine Zuflucht nehmen muss, wozu dann das ganze System? Man wünscht sich also einen Weg zu finden, wie das Minimum doch lieber nicht in natura, sondern in Geldform zuzuteilen und so den Menschen die Wahlfreiheit zu geben wäre, die durch nichts so sicher gestellt wird als durch eine volle Brieftasche.

Popper-Lynkeus hat das mit dem grössten Nachdruck für unmöglich erklärt. Dies hauptsächlich aus zwei Gründen: Geld wäre den Unsicherheiten und Manipulationen der Marktwirtschaft unterworfen, der Empfänger könnte plötzlich finden, dass es nicht mehr zum Ankauf des Lebensnotwendigen reicht. Zweitens gewährt Geld keinen Schutz gegen Leichtsinn: Würde das Minimum in Geld, sagen wir monatlich, verteilt, so kann es am ersten empfangen und am selben Tag vertrunken, verspielt und verhurt werden und der Rest des Monats hätte die Familie zu hungern oder müsste betteln gehn.

Seit damals hat sich die Technik aber nicht nur im üblichen Sinne, sondern auch in gesellschaftlicher Hinsicht schnell entwickelt. Nicht nur sind die Tricks, mit welchen man den Leuten ihr Geld aus der Tasche zieht - durch Inflation z.B. - ungemein verfeinert worden, sondern auch die Schutzmassnahmen dagegen. Die Lebenskostenindexklausel z.B. war im Jahre 1912 noch nicht im Gebrauch. Heute ist es zweifellos möglich, solange man dies ernstlich will, den Wert einer Geldzahlung für die Zeit ihres zu erwartenden Verbrauchs sicherzustellen. Kleinere Schwankungen - sagen wir in einer Grössenordnung bis zu 10% - können dabei ausser Acht gelassen werden. Die menschlichen Bedürfnisse lassen sich ohnedies nicht genau berechnen und man kann kaum bestätigen, dass 167 kg Brot ausreichen, dass man aber mit nur 160 kg hungern muss.

Was jedoch den Schutz gegen ddn Leichtsinn betrifft, so ist hier zu unterscheiden, ob wir es mit normalen Erwachsenen zu tun haben oder mit Kindern und anderen speziell schutzbedürftigen Menschen. Im ersteren Fall kann die Frage aufgeworfen werden, wie weit es der Staat überhaupt zu seiner Aufgabe machen soll, seine Bürger gegen ihre eigenen Torheiten zu schützen. Für den letzteren Fall existieren gesellschaftliche Einrichtungen, die z. B. Kinder gegen Vernachlässigung durch ihre Eltern beschützen. Diese Institutionen sind unvollkommen und es ist bedauerlich, dass sie überhaupt benötigt werden. Zum Glück sind jedoch diese Fälle relativ selten und ganz entbehrlich würde sie auch die Naturalzuteilung nicht machen. Wer darauf versessen ist, lieber zu hungern und auch seine Kinder hungern zu lassen, als auf Alkohol, Rauschgift oder auch Pferderennen zu verzichten, der wird auch Wege finden, sein Brot in solche verlockendere Güter zu verwandeln.

Ein weiteres Argument aber, das Popper-Lynkeus weniger in den Vordergrund schiebt, macht die Möglichkeit der Minimum-Zuteilung in Geld äusserst fraglich, denn woher soll der Staat das Geld dafür hernehmen? Er könnte entweder die von der Nährarmee produzierten Güter verkaufen und den Erlös ausschütten. Dies jedoch würde die ganze Operation sehr verteuern (man müsste also die grössere Wahlfreiheit als Konsument mit längerer Dienstzeit als Produzent bezahlen) und infolge der Wechselfälle der Marktwirtschaft die Einkünfte sehr unsicher gestalten. Die andere Möglichkeit wäre, das Kind mit dem Bad auszuschütten und mit der Verteilung des Minimums in natura auch das andere Kernstück des Plans, die Nährarmee, fallen zu lassen. In diesem Falle müsste das Minimum aus allgemeinen Staatsgeldern bestritten werden und dies käme einem Ueberdrehen der Steuerschraube gleich, was unrealisierbar wäre.

Sinngemässe Modifikationen des Plans sind aber durchaus möglich. Hier handelt es sich hauptsächlich um die Frage der Ernährung. Denn von den drei anderen Hauptbestandteilen des Minimums - Wohnung (inklusive Beleuchtung, Heizung usw.), Kleidung, Gesundheitspflege - ist die Kleidung ein relativ kleinerer Posten, der sich verhältnismässig leicht, wenigstens zum Teil, auf das sekundäre Minimum verschieben lässt. Vom Wohnungswesen und der Gesundheitspflege haben die Erfahrungen der letzten Jahrzehnte gezeigt, dass auf diesen Gebieten die Versorgung durch Naturalleistungen verhältnismässig problemlos funktioniert.

Was das Gebiet der Ernährung anbetrifft, und in gewissem Masse auch die anderen Grundbedürfnisse, kann man sich Modifikationen sehr gut vorstellen. Die aussichtsreichste ist wohl die Einführung eines Gutschein-Systems.

Es würden zwei Währungen existieren: die eine zweckgebunden (Gutscheine) für das Minimum und die andre frei und konvertierbar für den Rest. Mit den Gutscheinen, die jedermann als Teil des Minimums in derselben Anzahl zugeteilt erhält, wären nur die Güter zu erstehen, die als Teil des Minimums qualifiziert sind. Staatliche Lebensmittelgeschäfte, Restaurants, etc. könnten auf die Annahme von Gutscheinen eingerichtet sein. Missbrauch wäre strafbar und strenge Kautelen gegen den Handel mit diesen Scheinen müssten getroffen werden. Ein ähnliches System besteht in den USA ("food stamps"), allerdings nur in sehr beschränktem Umfang. Doch hat sich dieses System im allgemeinen bewährt.

Es würden also, statt der von Popper-Lynkeus geplanten zwei Arten von Zuteilung des Minimums - ein primäres in natura und ein sekundäres in Geldform - drei Arten existieren: die Deckung gewisser Bedürfnisse (wie etwa Wohnung, ärztliche Behandlung) in natura; anderer (wie Nahrung, Kleidung) in Gutscheinen und der restlichen Bedürfnisse (kultureller Art) in freier Währung. Die Einführung von Gutscheinen würde die Produktions- und Verteilungsarbeit der Nährarmee nicht fühlbar mehr belasten. Natürlich kann die Nachfrage nach den mit Gutscheinen erhältlichen Gütern nicht im vorneherein abgeschätzt werden, wie dies z.B. bei den in natura zu liefernden Gütern der Fall ist. Doch handelt es sich hier um eine verhältnismässig geringe und bestimmt überwindbare Schwierigkeit. Auf der positiven Seite wäre die freie Wahl der Konsumenten enorm erweitert und das Gespenst der Orwell'schen Gemeinschaftsküche gebannt.

Eine weitere mögliche Modifikation zeichnet sich auf dem Gebiet der Leistungen und Freigüter ab. Wir nennen hier jene Güter und Dienste, die ohne jegliche Begrenzung, Bedingung, Legitimation, Bezahlung, Verrechnung, allen zugänglich gemacht werden und zwar in nur durch die Natur der Sache beschränkter Quantität. Die Freigüter haben eine nicht uninteressante, geschichtliche Wandlung erfahren. Die römischen Cäsaren gaben dem Volk, in Juvenals bekannter Wendung, panem et circenses, Brot und Spiele. Unsere Cäsaren geben uns bloss die circenses - diese allerdings in hervorragender Qualität. Die Welt ist reich an frei zugänglichen Museen, Festzügen, Bibliotheken; in gewissem Sinn gehört das ganze Schulwesen in dieses Gebiet.

Das Kriterium ist offenbar, dass Regierungen und ähnliche Gremien dort frei spenden, wo sie zum Schluss gelangt sind, dass jeder Bürger diese Güter und Dienste erhalten soll, wo sie jedoch annehmen müssen, dass er sie von sich aus nicht kaufen würde. Doch kann dieses Prinzip auch auf andere Gebiete ausgedehnt werden. Oeffentliche Brunnen sind ein Beispiel (das Wasser kostet den Spender nur scheinbar nichts, Bau und Erhaltung der Leitungen sind kostspielig). Man hat mit freiem Personentransport und anderem experimentiert. Weitere Ausdehnung wäre möglich. Der Unterschied gegenüber der Popper-Lynkeus'schen Naturalzuteilung liegt darin, dass er die Verteilung begrenzter Mengen an bestimmte Personen vorsieht, während die Freigüter allen unbeschränkt zugänglich sind. Die Deckung eines Teils der Grundbedürfnisse durch Freigüter würde zwar wohl den Konsum (und damit die Produktionskosten) etwas erhöhen, aber alle Verrechnungen ersparen und zugleich das "Behagen" der Konsumenten beträchtlich erhöhen.

Schliesslich sei noch erwähnt, dass die Naturalzuteilung durch direkten Einsatz von Personal der Nährarmee dort eine Lücke füllen kann, wo gewisse Dienste infolge von Strukturwandlungen der spätkapitalistischen Gesellschaft immer mehr versagen: Reparaturarbeiten, Trägerdienste auf Bahnhöfen, Haushalthilfen für Betagte und Kranke, Spitalpersonal etc. - alles scheinbare Kleinigkeiten, doch keineswegs bedeutungslos für den direkt Betroffenen.

Die Neubemessung des Minimum

Es wird kaum jemanden geben, der bei der Lektüre der menschlichen Grundbedürfnisse, wie sie Popper-Lynkeus sah, nicht das Gefühl hat, diese Liste sei veraltet und entspreche nicht mehr den heutigen Ansprüchen. Die Bedürfnisse haben sich geändert und das Minimum muss neu bemessen werden. Im einzelnen würde das so aussehen:

Ernährung: Der Trend der letzten 60 Jahre lässt ein Schlagwort zu: Weg von den Kohlehydraten! Heute fordert man eine abwechslungsreiche Kost mit mehr Eiweiss, Mineralen und Vitaminen. Die grossen Mengen von Brot und Kartoffeln, die Popper-Lynkeus vorsah, könnten bedeutend gekürzt werden. Hingegen werden Lebensmittel benötigt, die er kaum erwähnt - Gemüse, Obst, Eier, Kaffee, Tee. Der Effekt wäre, dass die Kosten für die Nahrung (oder die zu ihrer Beschaffung notwendige Arbeitszeit, was ein anderer Ausdruck für dieselbe Sache ist) wesentlich - vielleicht um mehr als das Doppelte - erhöht würden.

Behausung: Die Wohnungen müssen über Badezimmer verfügen. An Diensten, die mit dem Wohnen zusammenhängen, nennt Popper-Lynkeus die Beleuchtung und die Heizung (Wasser und Müllabfuhr sind wohl als selbstverständlich dazuzuzählen). Ferner wäre noch das Telefon zu erwähnen. Als offene Frage mag gelten, ob der Zugang zu den Massenmedien, wie Radio, Fernsehen, Zeitungen, hier einzuschliessen, dem sekundären Minimum zu unterstellen oder ganz der Privatwirtschaft zu überlassen wäre.

Gesundheitspflege: Was die Aerzte betrifft, so können wir heute zwar mit geringeren Ziffern rechnen, doch müssen andere Leistungen ausgedehnt werden. Der Trend geht dahin, dass die Entwicklung der Medizin immer weitere Möglichkeiten der Behandlung eröffnet und daher die Gesundheitspflege in ihrer Gesamtheit immer umfangreicher und kostspieliger wird. Diese Kurve lässt sich in die Zukunft extrapolieren. Es ist z.B. skandalös, dass Millionen von Menschen, die an gewissen Nierenkrankheiten leiden, sterben müssen, weil das Geld für Dialysen, die sie am Leben erhalten und sogar halbwegs arbeits- und genussfähig erhalten, nicht verfügbar ist. Die Kosten einer solchen liegt auf einer Basis von DM 50'000.-- pro Person und Jahr. Diese Zustände müssen sich ändern und die Gesundheitspflege würde also einen grösseren Anteil der Leistungen der Nährarmee beanspruchen, als dies Popper-Lynkeus voraussehen konnte.

Transport: Hier nahm Popper-Lynkeus an, dass die Nährarmee für die Beförderung der in ihr Arbeitenden verantwortlich ist, doch die Personenbeförderung im übrigen der Privatwirtschaft überlassen werden kann. Zu seiner Zeit waren die Städte relativ klein und die Landbevölkerung nahm die durch ihre Isolierung gegebene Beschränkung ihrer Bewegungsfreiheit mehr oder weniger als naturgegeben hin. Heute hat sich alles geändert und eine Vorsorge für die Personenbeförderung als Teil des Minimums müsste getroffen werden.

Diesen Faktoren, die eine erhebliche Erhöhung des Minimum-Bedarfes nach sich ziehen würden, steht ein anderer, grosser, gegenüber, der in der umgekehrten Richtung wirkt: die Erhöhung der Produktivität durch wissenschaftliche, technische und organisatorische Fortschritte. Gegenwärtig steigt die Produktivität (in Schaffung von neuem Wert per Arbeitsstunde gemessen) in den entwickelten Ländern um etwa 2 bis 3% pro Jahr. Dazu kommt die Möglichkeit, gewisse Konsumgüter durch neuere Typen zu ersetzen, wie z.B. in der Bekleidungsindustrie (die wir hier nicht erwähnten, weil wir kaum annehmen, dass Popper-Lynkeus' Ziffern auf diesem Gebiet einer bedeutenden Korrektur bedürfen) die Verwendung der künstlichen Fasern, statt Wolle, Baumwolle und Seide.

Popper-Lynkeus hat ein Gesamterfordernis von 29 Milliarden von Arbeitsstunden pro Jahr, für eine Bevölkerung von 70 Millionen, errechnet. Würde eine Neubemessung des Minimums bei gleichbleibender Produktivität diese Ziffer auf das Doppelte, also auf 58 Milliarden hinauftreiben, würde andererseits die Erhöhung der Produktivität bei gleichbleibender Bemessung des Minimums sie auf die Hälfte, also auf $14^{1/2}$ Milliarden reduzieren, so kann angenommen werden, dass unter der Einwirkung beider Faktoren das Erfordernis ungefähr gleich bleiben würde.

Uebrigens kann eine Verlängerung der Dienstzeit bei gleichbleibendem Gesamterfordernis notwendig werden, weil die Menschen heute eine längere Lebenserwartung haben. Da die in der Nährarmee Arbeitenden sich selber und alle nicht in derselben Tätigen erhalten, steht die Länge der Dienstzeit in einem bestimmten Verhältnis zur durchschnittlichen Lebensdauer. Wenn z.B. zehn Jahre in der Nährarmee bei einer durchschnittlichen Lebensdauer von 50 Jahren ausreichen, so braucht man bereits deren 12 bei einer Lebensdauer von 60 Jahren. Dieser Gedanke kann auch so ausgedrückt werden, dass bei längerer Lebensdauer jeder Jahrgang relativ weniger zahlreich ist und daher mehr Jahrgänge in der Nährarmee benötigt werden.

Das Gesagte bezieht sich auf das primäre Minimum, das nach Popper-Lynkeus strikt in natura zugeteilt werden soll (von den möglichen Aenderungen sprachen wir bereits). Die in verschiedener Hinsicht anders gelagerte Frage des sekundären Minimums werden wir im Abschnitt über die Privatwirtschaft behandeln.

Die ganze Berechnung des Minimums und der zu seiner Beschaffung notwendigen Arbeitsstunden muss natürlich neu durchgeführt werden. Man kommt aus dem Staunen nicht heraus, wenn man bedenkt, dass Popper-Lynkeus die ursprüngliche Berechnung allein in seinem Studierzimmer ausführte. Heutzutage wäre das ein Forschungsprojekt mit weiträumigen Büros, elektronischen Rechenzentren, Direktoren und Sekretärinnen und ungeheuren Subventionen.

Schliesslich noch eine Bemerkung zu der Tatsache, dass eine Neubemessung des Minimums notwendig ist. Was heisst, dass Popper-Lynkeus' Aufstellung veraltet ist? Dass sich die Bedürfnisse geändert haben?

In einigen wenigen Fällen ist damit gemeint, dass die Wissenschaft Bedürfnisse entdeckt hat, die vorher unbekannt waren (z.B. die Vitamine) oder dass die geänderten

Verhältnisse Einrichtungen notwendig machten, die vorher entbehrlich waren (z. B. Telefon). Verhältnismässig geringe Erweiterungen des Minimums könnten diesen Faktoren Rechnung tragen.

In den meisten Fällen ist die Aenderung der Bedürfnisse subjektiv: nicht dass die Menschen andere Dinge benötigen, dass sie ohne diese zugrunde gehen würden, sondern dass andere Dinge verlangt werden und dass sie ohne diese unzufrieden wären. Ein Plan, der Aussicht auf Verwirklichung haben will, muss dem Rechnung tragen. Daraus folgt auch, dass die Grundbedürfnisse elastischer zu verstehen sind als es Popper-Lynkeus vorsah. Rückblickend wirft dies ein neues Licht auf die Frage der Zuteilung des Minimums in natura. Da selbst die "Grundbedürfnisse" elastisch und subjektiv sind, kann es nicht als Katastrophe angesehen werden, wenn sie gelegentlich nicht hundertprozentig gedeckt werden könnten. So verringert sich auch die Bedeutung des Arguments, dass nur die Zuweisung in natura absolute Sicherheit gewährleistet.

Die Regelung des Dienstes in der Nährarmee

Man spreche von Nährpflicht, Arbeitsdient, Ableistung, Sozialdienst, Nährarbeit - schlussendlich kommt es auf einen Nenner zu stehen. Schon Shakespeare sagte es: Die Rose unter einem anderen Namen duftet ebenso süss.

Vielmehr kommt es darauf an, wie man sich diesen Dienst vorstellt: wie den Dienst in einer Armee oder in den Arbeitstruppen eines totalitären Staates? Oder wie die heutige, normal bezahlte Arbeit (die ja nur der Form nach freiwillig ist)? Das tiefe Misstrauen vieler Menschen gegen jeden vorgeschriebenen Dienst ist voll berechtigt, doch hier ausnahmsweise nicht unbedingt am Platze. Wir stellen uns die Nährpflicht als eine Einrichtung vor, die sich eine demokratische Nation schafft. Die Dienstpflichtigen sind ihr Volk. Von ihnen hängt es ab, wie sich der Dienst gestaltet. Von vorneherein kann angenommen werden, dass Behandlung, Arbeitsbedingungen und die Versorgung loyal sein werden; die Arbeit in der Nährarmee wird eher angenehmer und erfreulicher sein (wenn auch weniger "frei"), als die durchschnittliche Lebensarbeit des heutigen Menschen, der ja seine Fabrik oder sein Büro nur selten liebt.

Für die Regelung im einzelnen sind ungezählte Alternativen offen. Die zukünftigen Dienstleistenden selber - in ihrer Eigenschaft als stimmberechtigte Bürger - werden zu wählen haben. Hier können nur Möglichkeiten aufgezeigt werden.

Wann soll der Dienst beginnen? Popper-Lynkeus' Vorschlag war, im 18. Alterjahr. Diese Ziffer ist willkürlich. Es ist denkbar, dass zukünftige Bürger beschliessen, bis 45 frei zu bleiben und erst mit diesem Alter in die Nährarmee einzutreten. Es gibt jedoch gute Gründe dafür, die Dienstzeit in den jungen Jahren zu beginnen: 1.

Es ist natürlicher, Dinge erst zu schaffen und dann zu konsumieren. - 2. Junge Menschen arbeiten - im allgemeinen - wirksamer. - 3. Die Lust am Besitz und Luxus wächst mit den Jahren. - 4. Die Mehrzahl der jungen Menschen lernt erst mit der Reife und durch Erleben, welchen Beruf oder welches Studium sie ergreifen wollen. - 5. Die berufliche und geographische Dirigierung wird von der Jugend leichter hingenommen als von den Aelteren. - 6. "Togetherness" im weitesten Sinne des Wortes ist ein Prärogativ der Jugend.

Dienstzeit (in Stunden pro Tag und Jahr): Diese zwei Variabeln sind offenbar voneinander abhängig: je weniger Stunden pro Tag gearbeitet wird, desto länger wird die gesamte Dienstzeit (und umgekehrt). Aehnliches gilt für die Urlaube etc. Es spricht auch nichts dagegen, in vernünftigen Grenzen dem Einzelnen die Wahl zu lassen, sodass einer 20 Jahre lang halbtags, aber ein anderer 10 Jahre ganztags arbeiten kann, etc.

Die Frage ist vor allem von Bedeutung wegen der Möglichkeit, sich während der Dienstzeit etwas zum Minimum dazuzuverdienen. Popper-Lynkeus zog das nicht in Betracht. Er erwartete, dass die Menschen während ihrer Dienstzeit allein vom Minimum leben und erst nach 30 die Chance haben werden, in der Privatwirtschaft zu arbeiten. Damals war die Fernhaltung der drückendsten Not das Hauptanliegen der meisten und eine solche Vorstellung war akzeptabel, während sie in unserer Wohlstandsgesellschaft bizarr klingen mag. Kann man sich vorstellen, dass ein 18-jähriger, der übers Wochenende zum Skisport geht, sich damit tröstet, dass er nur 12 Jahre zu warten braucht und dann genügend verdienen wird, um soviele Touren zu machen, als er nur mag?

Es wird kaum möglich sein, das sekundäre Minimum hochgenug für die heute entwickelten, kulturellen Bedürfnisse und die Erholung anzusetzen. Den Arbeitstag in der Nährarmee aber - der schon von Popper-Lynkeus auf höchstens 7 1/2 Stunden beschränkt wurde - oder die Arbeitswoche so flexibel zu gestalten, dass Nebenbeschäftigungen in Betracht gezogen werden können, das ist ohne weiteres möglich.

Arbeitszuweisung in der Nährarmee: Wir haben die 5 hauptsächlichen Möglichkeiten im 2. Kapitel skizziert. In der Zukunft wird man wohl anders wählen, als dies Popper-Lynkeus tat. Wahrscheinlich werden Freiwilligkeit, Prämien und Eignungsprüfungen im Vordergrund stehen. Zur Hebung der Produktivität, die letzten Endes zu einer Kürzung der Gesamtarbeitszeit führt und somit allen zugute kommt, könnten Prämien geboten werden, wie auch für besonders beschwerliche oder gefährliche Arbeiten und besonders gute Leistungen. Auch hier drängt die Entwicklung in die Richtung, die ursprüngliche Starrheit des Plans durch Flexibilität zu ersetzen.

Einsatz für andere Zwecke: Besteht die Nährarmee einmal, so kann sie auch für andere Zwecke als die Beschaffung des Minimums verwendet werden. Vor allem, wie die vergleichbaren Organisationen wie Armee, Polizei, zur Hilfeleistung bei Katastrophen. Wenn Extraarbeitskraft über die Beschaffung des Minimums hinaus verfügbar ist - das sollte versicherungsmathematisch garantiert sein - kämen auch öffentliche Arbeiten, wie z.B. Umweltschutz, Landreklamation, Oelleitungen, Weltraumprojekte etc., in Betracht, diese müssten sonst vielleicht unterbleiben, weil die nötigen Mittel anderweitig nicht zu beschaffen sind. Dies soll jedoch nur als Zwischenlösung in Betracht gezogen werden: wenn sich herausstellen sollte, dass eine bedeutend geringere Zahl von Arbeitskräften zur Beschaffung des Minimums ausreicht, so ist der nächste logische Schritt die Dienstzeit zu kürzen.

Ein noch heikleres Thema ist die Frage, wenn wir vom eventuellen erzieherischen Wert der Nährpflicht und ihrer Bedeutung für die seelische und körperliche Gesundheit der Jugend sprechen. Wahrscheinlich ist viel Wahres daran. Die Nährarmee kann auch als Ventil für die jugendliche Energie betrachtet werden, die weniger erwünschte Aktivitäten in ihrer Entfaltung hindert, doch dasselbe wurde auch von der Armee gesagt. Bestenfalls handelt es sich hier um einen Extragewinn und man muss sich hüten, diesen als Argument für die Schaffung einer Nährarmee heranzuziehen.

Organisationsfragen: Unwillkürlich stellt man sich die Organisation der Nährarmee, in Analogie zur Wehrarmee, autoritär vor. Aber die Grundaufgabe einer militärischen Organisation ist, Menschen zum Töten und Sterben vorzubereiten. Das widerstreitet ihrer Natur oder mindestens ihren Gewohnheiten. Sich selbst überlassen, würden viele Soldaten diese Ziele kaum wählen und der Druck von oben ist unentbehrlich.

In der Nährarmee liegen die Dinge völlig anders. Vom Einzelnen wird höchstens etwas verlangt, was ihn in seiner Bequemlichkeit stört, ihm jedoch nicht radikal gegen den Strich geht. Demokratische Organisation ist hier ohne weiteres möglich und - aus Gründen, die zu offenbar sind als dass man sich über sie noch unterhalten müsste, auch vorzuziehen sind. Die Streikfrage z.B. bekommt dadurch ein anderes Gesicht: Je mehr die Regeln, gegen die sich ein Streik richten könnte, von den Arbeitenden selbst gesetzt wurden, desto geringer die Wahrscheinlichkeit eines solchen.

Ob die demokratische Organisation die Form von Betriebsräten, Vertrauensmännern, gewählten Direktoren oder was immer man annehmen will, ob und in welchem Masse Fragen der Arbeitszeit und der Arbeitsbedingungen, eventuell auch Fragen der ökonomischen Betriebsführung, der Entwicklung von Produkten etc., von den in der Nährarmee Arbeitenden selbst entschieden werden sollen, wird zu regeln sein, wenn eine solche Armee Tatsache geworden ist.

Spezialausbildung: Die Nährarmee hat notwendigerweise eine Massenorganisation zu sein. Menschen, die sich nicht als blosses Glied einer Kette fühlen wollen, sind prompt gegen jede Massenorganisation, auch gegen die demokratischste. Sie mag gut genug für die Massen sein, jedoch nicht für das Individuum. Was wird aus jungen Leuten, die den Beruf eines Arztes, Wissenschaftlers, Juristen, Lehrers, ergreifen wollen? Würde der Dienst in der Nährarmee sie zwingen, auf ihr Studium zu verzichten oder eine Aufschiebung bedeuten bis es zu spät ist? Und die besonders begabten Jugendlichen, die die grossen Künstler, Forscher, Entdecker, Erfinder, Denker, ihrer Generation werden könnten, kämen sie nicht unter die Räder? Schon seit Madách und Madelung ist das das Hauptargument der Intellektuellen gegen den Sozialismus.

Zugegeben, das Problem ist nicht einfach. Doch bedeutet das in keiner Weise, dass es unlösbar ist. Man braucht sich nicht auf die Position zurückzuziehen (wie Popper-Lynkeus selbst geneigt war), dass die Besiegung der Not eben etwas so Grosses ist, dass dazu Opfer notwendig sind, die einen nicht reuen sollen. Man kann den Pelz nicht waschen, ohne ihn nass zu machen, etc. Die Nährarmee wird Menschen in sehr spezialisierten Berufen brauchen (z.B. die schon mehrmals erwähnten, zahlreichen Aerzte). Es ist nur natürlich, dass sie ihnen im Rahmen ihres Dienstes die Möglichkeit zur Ausbildung, sei es in besonderen Schulen der Nährarmee, sei es durch Freistellung zum Besuche aussenstehender Institute, gewährleisten soll. Schon Popper-Lynkeus kalkulierte das ein (Nährpflicht, S. 198). Gewiss gibt es begabte Menschen, sogar Genies, deren besondere Gaben nicht auf ein Gebiet beschränkt sind, das sich in die Produktion und Verteilung von Nahrungsmitteln, Wohnungen etc., einfügen lässt. Wie ihr Dienst eingerichtet werden kann, dass er ihr wirkliches Lebensziel nicht hindert, mag fraglich sein; aber dass es mit gutem Willen im Bereiche des Möglichen liegt, daran lässt sich nicht zweifeln. Es ist nicht anzunehmen, dass eine demokratische und humane Gesellschaft der Zukunft diese Probleme weniger gut zu lösen vermag als unsere heutige, wo die Begabung allein keineswegs die Türen zu den Universitäten öffnet und auch nicht jedes Genie vergnüglich entdeckt, dass seine Laufbahn mit lauter Rosen bestreut ist.

Der private Sektor

Wenn es ein Schlagwort gibt, in dem das Ethos des "Jahrhunderts der sozialen Frage" am treffendsten zusammengefasst ist, so ist es "das grosse Glück der grössten Zahl". Popper-Lynkeus erkannte, dass dieser Satz einer Präzision bedarf, denn was sein Glück ist, muss jeder selbst für sich entscheiden. Dem Satz "die grösste Freiheit der grössten Zahl" haftet wohl etwas von dem an, was ein deutscher König den "Ludergeruch der Revolution" nannte. Popper-Lynkeus' Nase war weniger empfindlich und dieser Satz wurde zu seinem Leitstern.

Die Freiheit, die er meinte, war in erster Linie die Freiheit von der Not. Doch erschöpfte sie sich nicht darin. Die Freiheit der ökonomischen Betätigung, die Freiheit, die der Reichtum bringt, war ihm nur um ein kleines weniger wichtig. Von einer Grenze nach oben wollte er nichts wissen und nur die Grenze nach unten, die die Not aussperrt, sollte festgelegt werden. Für ihn ist daher der private Sektor nicht ein armer Verwandter, ein geduldetes Uebel, wie in der kommunistischen Theorie und Praxis, sondern ein wesentlicher und ebenbürtiger Teil des Ganzen. Man muss sich hier einige Gedanken darüber machen, wie er funktionieren würde.

Zum privaten Sektor kann auch die Staatswirtschaft ausserhalb der Minimum-Wirtschaft - wie Post, Eisenbahn, Monopole - gerechnet werden, da diese Betriebe im

Rahmen der Geldwirtschaft und der Vertragsfreiheit operieren. Da in den entwickelten Ländern das von der Nährarmee produzierte, primäre Minimum nur etwa einen Fünftel bis einen Viertel des gesamten Sozialproduktes ausmachen würde, kann der private Sektor maximal drei- bis viermal so gross sein wie der öffentliche (Minimum-) Sektor. Wir werden aber gleich sehen, dass er auch viel kleiner geraten kann.

Der Nationalökonom sieht zwei Sektoren, doch der Bürger stellt fest, dass er drei Einkommensquellen hat: das primäre Minimum, in natura; das sekundäre Minimum, in Geld, und das, ökonomisch gesprochen, dritte Einkommen aus dem privaten Sektor. Die ersteren erhält er automatisch, ohne sein Zutun, das dritte, wenn er kann und will, aus dem privaten Sektor durch seine Arbeit, plus dem, was er durch Erbschaft oder andere "Glücksfälle" aus dem privaten Sektor ohne Bemühung gewinnt.

Popper-Lynkeus sah einen kleinen Betrag für das sekundäre Minimum vor. Soweit er auf heutige Verhältnisse umgerechnet werden kann, kommt man etwa auf DM 10,- pro Person und Woche, also ein Taschengeld. Es wäre wünschenswert, dieses sekundäre Minimum beträchtlich zu erhöhen. Das bedeutete ein Anziehen der Steuerschraube. Umso glimpflicher würde das gehen, je grösser der private Sektor ist, also je mehr Menschen in ihm tätig sind. Je höher das sekundäre Minimum, desto geringer der Anreiz zu solcher Arbeit: ein schönes Problem für einen Kybernethiker.

Man sieht die Möglichkeit voraus, dass wenn das sekundäre Minimum beträchtlich erhöht wird, sich dann mehr Menschen damit begnügen würden und während eines grossen Teiles ihres Lebens "privatisierten". Die ganze Produktion und Konsumation gegenüber der kapitalistischen Gesellschaft würde absinken: eine ökologisch und, wenn man will, kulturell erfreuliche Entwicklung. Doch von anderen Gesichtspunkten aus, wie dem der Landesverteidigung z.B., weniger wünschenswert. Jedenfalls würde dies zu einer Schrumpfung der Steuerbasis führen und so die Höhe des sekundären Minimums in Frage stellen. Es ist heute kaum vorauszusehen, wo diese Schwankung ihr Gleichgewicht finden wird.

Ferner kommt dazu, dass sich der Ansporn zur Arbeit vermindert, wenn die Hungerpeitsche nicht mehr geschwungen werden kann und die Verhandlungsposition des Arbeiters sich bessert. Der private Sektor wird mit hohen Löhnen und günstigen Arbeitsbedingungen zu rechnen haben. Wenn die allgemeine Nährpflicht in einem Lande eingeführt wird, wird automatisch dessen Konkurrenzfähigkeit auf dem Weltmarkt sinken.

Das wiederum ist rückwirkend auf das primäre Minimum, denn die Nährarmee wird unter den heutigen Verhältnissen nicht nur Importe benötigen (die schliesslich aus Exporten bezahlt werden), sie wird auch mit dem privaten Sektor viel enger zusammenarbeiten, als sich dies Popper-Lynkeus vorstellte. Bekanntlich ändert der technische Fortschritt die "organische Zusammensetzung" des Kapitals: Vor der industriellen Revolution wurden Gewebe von Webern gemacht, dann kommt die Fabrik, in der die Webstühle erzeugt werden, dann die Produktion der Maschinen, die die Webemaschinen erzeugen, etc. Nach Rationalisierung und Automatisierung spielen heute die Arbeiter, die das Endprodukt fertigstellen, nur mehr eine relativ geringe Rolle. Je weiter dieser Prozess fortschreitet, desto dichter wird seine Verflechtung. Es wäre verschwenderisch, wenn nicht sogar unmöglich, etwa die - relativ - geringe Zahl von Autos, die die Nährarmee brauchen wird, in besonderen Werken von Arbeitern der Nährarmee herstellen zu lassen, die anderen Autos aber im privaten Sektor der Wirtschaft. Oder z.B. zwei separate Netze elektrischer Hochspannungsleitungen zu erstellen etc. Die Nährarmee und der private Sektor werden, durch Kauf oder Verrechnung, Produkte austauschen und die Stärke des einen Sektors entspricht derjenigen des anderen.

Die Frage der Verwirklichung

Uebergangsmassnahmen: Es ist ein wesentlicher Bestandteil des Popper-Lynkeus' schen Denkens - dem wir uns hier anschliessen - dass das Ziel fest vor Augen sein muss, doch der Weg dazu den Umständen entsprechend gesucht werden soll. Aus diesem Grunde erwähnen wir hier nur wenige Punkte.

Artikel 2 des deutschen Grundgesetzes sagt: "Jeder hat das Recht auf Leben." Das ist das Grundprinzip der allgemeinen Nährpflicht und sollte konkretisiert werden. Ein Satz wie "Er hat das Recht das Existenzminimum an Nahrung, Kleidung, Obdach, Heizung, Gesundheitspflege, Schulung bedingungslos lebenslang zu erhalten" wäre noch beizufügen.

Dank den technischen - sowie sozialtechnischen - Fortschritten der letzten 60 Jahre und dem ungeheuer gewachsenen Reichtum kann die Uebergangszeit wahrscheinlich weit unter die 50 oder 100 Jahre, die Popper-Lynkeus ins Auge fasste, heruntergedrückt werden. Zur Einführung des Nährdienstes bedarf es eigentlich keiner speziellen Uebergangszeit. Es könnte jederzeit damit begonnen werden mit einer anfänglichen Beschränkung auf wenige Jahrgänge. Er könnte in der Form etabliert werden, dass zunächst die Angehörigen der dienstpflichtigen Jahre untersucht und die Tauglichen formell einberufen werden, doch sollte diese Einberufung nicht in allen Fällen einem Stellenwechsel gleichkommen. Die berufstätigen Dienstpflichtigen könnten vielmehr in ihrer Stellung verbleiben. Sie würden, wie das ja auch für die weitere Zukunft vorzusehen wäre, nur den dem Minimum entsprechenden Betrag erhalten, während der Betrag, der ihrem Salär minus dem Minimum entspricht, vom Arbeitgeber an den Minimum-Fonds abzuführen wäre. Die nicht berufstätigen Dienstpflichtigen jedoch wären faktisch in den Dienst einzureihen.

Die Einführung der Minimum-Verteilung hingegen hätte in Phasen zu erfolgen, da zunächst nicht genug für die allumfassende Verteilung vorhanden sein würde. Hier wären Prioritäten aufzustellen, wie etwa:

1. Die bereits in den Dienst Eingereihten;

2. Alte (etwa über 60), Kranke und weitere, besonders zu berücksichtigende Gruppen;

3. Schaffung jener Minimum-Güter, die nach einem vernünftigen Produktionsplan am dringendsten herzustellen wären, wie z. B. Spitäler und Wohnungen;

4. Sobald die Nährarmee auf vollen Touren läuft, Zurverfügungstellung des gesamten Minimums für jeden.

Vorbedingungen: Eine Wirtschaft, die produktiv und entwickelt ist, hätte sowohl Minimum-Güter zu liefern als auch einen lebensfähigen, privaten Sektor zu pflegen. Dies ist eine unerlässliche Bedingung. Das Nährpflicht-Programm passt deshalb zunächst eher auf entwickelte, als auf Entwicklungsländer. Man kann in dieser Hinsicht jedoch auch an Länder wie z. B. Jugoslawien denken, die mit Abweichungen vom Kommunismus experimentieren und wo bereits gewisse Ansätze vorhanden sind, wie z. B. die Sommerarbeitslager für Jugendliche (an welchen jedoch, nach einem Bericht der New York Times, im Jahre 1971 bloss 25'000 Jugendliche teilnahmen).

Gewisse Punkte müssen noch klarer definiert werden, wie z. B. dass das Minimum "jedem" gegeben werden soll. Soll das heissen, jedem Staatsbürger? Jedem, der physisch im Lande ist? Hier erhebt sich die Frage der Gastarbeiter. Doch all diese Probleme könnten je nach den obwaltenden Umständen gelöst werden.

Technische Fragen: Neben schweren Problemen würde das Programm auch gewisse Vereinfachungen bringen. Die verschiedenen "Säulen" der Altersversorgung könnten ruhig fallen gelassen werden. Der Verwaltung würde viel erspart werden, indem das ganze Flickwerk der Sozialversicherungen und Wohlfahrtseinrichtungen verschwinden könnte (die Sozialarbeit, die sich ja mehr und mehr auf andere als Grundbedürfnisse bezieht, würde jedoch bestehen bleiben) und niemand mehr die Bitterkeit zu spüren hätte, die das als Almosen gegebene Brot so hart macht.

Wie oft betont, würde das Programm nur so weit durchführbar sein, als es adaptiert werden kann. Die Idee der Autarkie muss fallengelassen werden. In der Uebergangszeit wird es sich als praktisch erweisen - und wegen der unvermeidbaren Verflechtung wohl auch auf die Dauer - sowohl Dienstpflichtige in der Privatindustrie als auch gelegentlich Nichtdienstpflichtige (gegen Bezahlung) in der Nährarmee zu beschäftigen. Ihre Position wird der der Arbeiter in der Privatindustrie einigermassen anzugleichen sein. Wenn das z. B. die Möglichkeit von Streiks nicht ausschliesst, wird man sich damit zu trösten haben, dass "faux frais" in die Kosten eines jeden Programms einzurechnen sind und das Nährpflicht-Programm zwar verteuern, jedoch nicht ernstlich behindern.

Die Frage der Sozialisierung hat Popper-Lynkeus auf ganz andere als übliche Weise angepackt. In der Frühzeit der sozialistischen Arbeiterbewegung sprach man von "Vollsozialisierung", dachte aber bereits damals im wesentlichen an die Unternehmen, die aus dem Lohnverhältnis Profit ziehen. Die reichlichen und oft entsetzlichen Erfahrungen seit der russischen Revolution, haben die Frage in den Vordergrund gerückt, welche Betriebe sich am ehesten sozialisieren lassen. Dies hat zu einem ähnlichen Resultat geführt: Man denkt hier in erster Linie an die Sozialisierung der Grossbetriebe und klammert allgemein die kleinen Betriebe aus - d.h. Betriebe, in welchen der Besitzer allein mit wenigen Gehilfen arbeitet und sein Einkommen also nicht aus der "Ausbeutung" der Arbeit anderer bezieht. Das gilt ebenfalls für einen Grossteil der Landwirtschaft, für das Kleingewerbe und den Kleinhandel, etc. In vielen Ländern wäre also ein Grossteil und in manchen die Mehrheit der Bevölkerung von der Enteignung und Sozialisierung nicht direkt betroffen.

Popper-Lynkeus will dagegen ohne solche Rücksicht jene Betriebe sozialisieren, in welchen das produziert wird, was zum Minimum gehören soll. Diesen Plan einer "verkehrten Sozialisierung" wird heute wohl niemand verteidigen. Könnte man sich vorstellen, dass sich Kleinbauern ihren Grund wegnehmen lassen, während die Kunstseidenfabrik im Dorf in Privatbesitz bleibt? Natürlich bringt das für den Uebergang zur Nährpflicht neue Probleme. Wenn die kleinen Bauernwirtschaften bleiben, so muss entweder die Nährarmee ihre Produkte kaufen oder sie müssen sich umstellen - von Getreidebau auf Obst, Gemüse, Wein etc., was nicht immer ökonomisch realisierbar ist, etc. Die Staatsmänner, denen diese Entscheidungen obliegen würden, könnten von den gemischten Wirtschaftsformen, wie den Kibbuzim in Israel, lernen, was Popper-Lynkeus noch nicht möglich war.

Psychologische Fragen: An der Wand vieler kleiner Betriebe hängt der fromme Spruch: "An Gottes Segen ist alles gelegen". Er lässt sich insofern ins Weltliche übersetzen, als dass der technisch beste Plan nichts nützt, wenn die seelische Bereitschaft, die geistigen Kräfte, fehlen, die ihn erst zum Gedeihen bringen können. Keine Staatsgewalt kann eine Arbeitspflicht wirksam machen, wenn die Menschen nicht arbeiten wollen. Der heutigen Jugend werden andere Interessen nachgesagt: "Was nicht niet- und nagelfest ist, das stehlen sie. Was niet- und nagelfest ist, darauf werfen sie Bomben". Nur die Jugend der Zukunft wird darauf eine Antwort geben können. Wie sie ausfallen wird, wissen wir nicht.

Die Nährarmee wird sich auf andere Motive stützen müssen als auf die Begierde nach materiellem Gewinn, aber wie wirksam dieses "Profitmotiv" in Wirklichkeit ist, konnte noch nicht erforscht werden. Unsere Gesellschaft spricht zwar viel davon, doch verlässt sich kaum darauf, wenn es um Entscheidendes geht. Die Kriegsführung, die den Regierungen gewiss wichtig ist, überlässt man nicht mehr den meistbietenden Unternehmern, wie zu Wallenstein's Zeiten.

Es war nicht unklug von der französischen Republik, auf ihre Dekrete "Liberté, Egalité, Fraternité" zu schreiben, wenn auch grosse Worte nicht mehr unserer Zeit entsprechen. Keines der drei kann ohne die anderen gedeihen. Die allgemeine Nährpflicht will die Liberté erweitern, die Egalité auf lebenswichtigen Gebieten herstellen und auf die Fraternité wird sie angewiesen sein. Popper-Lynkeus betonte, dass sein Plan nicht erfordere, dass "die Menschen erst Engel werden". Arbeitsfreude, Ehregefühl und Solidarität mit dem Mitmenschen ist wohl gefragt und sollte das zuviel verlangt sein, so hätte die Nährpflicht zu scheitern, aber auch jeder andere Plan!

Vergleiche mit anderen Plänen

Die Vorzüge und Mängel der allgemeinen Nährpflicht, an vergleichbaren Systemen zu messen, kann sie nur in klareres Licht setzen. Was jedoch sind vergleichbare Systeme? Das Programm steht in der Mitte zwischen Kapitalismus und Sozialismus. Der Kapitalismus zeigte sich zwar besserungsfähiger als erwartet, doch erübrigt es sich, ihn weiter auszuführen, als dies nicht schon die Literatur der letzten 125 Jahre tat, die voller Polemik gegen ihn war. Vergleiche mit dem Sozialismus sind undankbar, da das Subjekt mehr als heikel ist. Die sozialistische Bewegung hat nicht nur darauf verzichtet, klarzustellen, wie sie im Detail die Gesellschaft einzurichten gedenkt, sondern hat oft aus der Not eine Tugend gemacht und Theorien entwickelt, weshalb ein solcher Versuch gar nicht gemacht werden soll.

Popper-Lynkeus verglich seinen Plan mit anderen, konkreten Plänen, die vor seinem Buch veröffentlicht wurden, dies speziell mit dem von Ballod (Atlanticus), dem er manches entlehnte und mit der Utopie Bellamy's. Die letztere leidet unter der Tatsache, dass sie um ein Vierteljahrhundert älter ist als die allgemeine Nährpflicht. Die Tradition dieser Werke ist abgerissen. "Positive Utopien", d.h. Romane, die eine ersehnte Gesellschaft ausmalen, sind im 20. Jahrhundert im allgemeinen nicht mehr geschrieben worden. Ausnahmen sind spezialisierte Utopien wie Herzl's "Altneuland" und gelegentliche, eigenwillige Leistungen, wie Skinner's "Walden 2". Die Rolle des sozialen Gewissens, von Morus bis Bellamy den positiven Utopien zugewiesen, wird jetzt von den warnenden "negativen Utopien" (Orwell's "1984" etc.) erfüllt.

Ein ergiebigeres Feld für Vergleiche bieten gewisse, namentlich in den U.S.A., gängige Pläne, die kapitalistische Wirtschaft zu erhalten, indem man ihre Mängel durch grosszügige Ausweitung des Wohlfahrtssystems kompensiert. Der bemerkenswerteste ist der Plan der "negative income tax", der charakteristischerweise im Wahlkampf von der Partei vorgebracht wurde, die die eigentliche Verteidigerin der Privatwirtschaft ist und im grossen ganzen die konservativen Kräfte vereinigt. Der Plan hat den Vorteil der Einfachheit: So wie jeder, der ein Einkommen über dem Existenzminimum hat, Einkommenssteuer zahlt, so soll der Staat jedem, dessen Einkommen unter dem Existenzminimum liegt, genügend zahlen, um es auf dieses zu heben.

In der Grundidee des Minimums gleicht dieser Plan demjenigen von Popper-Lynkeus. Doch dieses Minimum soll nur subsidiär erteilt werden, also nur einem relativ kleinen Teil der Bevölkerung. Ferner wird er in Geldform gegeben und wird daher letztlich aus Steuergeldern finanziert. Aus dieser Tatsache ergeben sich fatale Mängel:

1. Der Plan schafft temporäre oder permanente Paupers. Der Anreiz, Arbeiten ganz aufzugeben, sei es aus allgemeinen ökonomischen Ursachen, sei es aus Gründen persönlicher Art, die schlecht bezahlt sind, liegt nah. Im Gegensatz zu der Nährpflicht prämiert der Plan

den Müssiggang.

2. Das Motiv der Solidarität fehlt, dass alle für das Minimum aller einzustehen haben.

3. Die Zuschüsse (im wesentlichen sieht der Plan ja nur Zuschüsse vor) müssen aus Steuergeldern kommen, darunter von den Steuern derer, die hart arbeiten und eventuell wenig über dem Minimum verdienen. Diese werden es sich immer weniger gefallen lassen, dass sie auch für die Müssiggänger aufzukommen haben.

Ein auswegloses Dilemma entsteht daraus, dass diese Mängel umso krasser werden, je höher das Minimum angesetzt wird; dass aber, wenn es so niedrig angesetzt ist, dass sie nicht so hervortreten, es zur Fristung des Lebens nicht genügt. Somit würde der ganze Plan zwecklos. Es ist wohl bezeichnend, dass die Unmöglichkeit, sich über die Höhe des projektierten Minimums auch nur halbwegs zu einigen, die Behandlung des Plans zu Beginn des Jahres 1972 im Senat der U.S.A. vereitelt hat.

Fünftes Kapitel: Popper-Lynkeus und die Zukunft

Der Ruhm ist Popper-Lynkeus nicht ganz versagt geblieben. Seit 40 Jahren steht sein Denkmal im Wiener Rathauspark, eine Ehrung, die nicht vielen seiner Generation - und speziell jüdischer Konfession - erwiesen worden ist. Die "Phantasien eines Realisten", viel gepriesen und viel geschmäht, erlebten viele Auflagen. Eine für die damalige Zeit nicht geringe Zahl von Exemplaren wurde verkauft.

Von diesem Erfolg sprach er säuerlich. Wonach er sich wirklich sehnte, war Erfolg für seine grossen Reformpläne, vor allem für die allgemeine Nährpflicht. Wäre nur dieses, sein magnum opus, in die Tat umgesetzt oder doch wenigstens beachtet und ernstlich diskutiert worden! Es ist überraschend, traurig und lächerlich zugleich, doch es ist wahr: Hier ist ein Plan, die Menschen vor der Not zu befreien. Man würde erwarten, dass die Kritiker die Elemente des Plans prüfen, Argumente für und wider erwägen, wie es hier versucht wurde, doch statt dessen findet man Schweigen oder die Erörterung der Frage, ob Popper-Lynkeus ein Utopist war.

Wie absurd das ist, mag ein Gleichnis verdeutlichen. Nehmen wir es aus einem Bereich, der Popper-Lynkeus am Herzen lag, die Flugtechnik. Setzen wir uns in die Zeit zurück, in welcher der Aeroplan noch nicht erfunden war. Nun konstruiert jemand eine Maschine, die imstande ist, sich vom Boden zu erheben, in der Luft eine gewisse Entfernung zurückzulegen und wieder zu landen. Die Maschine ist unbeholfen, vom Wetter abhängig, sie fliegt nicht sehr weit und nicht ohne Risiko - aber sie fliegt.

Wenn jetzt jemand kommt und sagt, ich habe eine Maschine erfunden, die besser fliegt, so ist sein Anspruch zu prüfen. Wenn aber jemand behauptet, ich habe eine Maschine erfunden, die schöner und billiger ist, nach den Prinzipien der Hegel'schen Dialektik erbaut, dem gesunden Volksbewusstsein entsprechend - nur fliegen kann sie leider nicht - dann muss dieser Anspruch nicht geprüft werden. Auch wenn jemand der Ansicht ist, dass man lieber gar keine Flugmaschinen erfinden sollte, so hilft das nicht viel weiter.

Ist es mit der allgemeinen Nährpflicht anders? Popper-Lynkeus stellte sich das Problem, ein System zu entwerfen, das jedem Menschen das Leben materiell sichert. Ein brauchbares System. Es kann bessere geben und sollte jemand behaupten, eine bessere Lösung gefunden zu haben, so muss er angehört werden - doch bislang hörten wir von keinem.

Gesetzt der Fall, es gäbe einen gültigen Anspruch, so bliebe Popper-Lynkeus' historisches Verdienst ungeschmälert. Nicht nur was für einen Plan er gemacht hat ist wichtig, sondern dass er überhaupt einen Plan entworfen hat. Wenn der Sozialismus mit Marx und Engels den Schritt von der Utopie zur Wissenschaft getan hat, so machte er mit Popper-Lynkeus den Schritt von der Theorie zum Programm.

Was mag nachher kommen? Jean Jaurès soll auf die Frage, was man im sozialistischen Zukunftsstaat eigentlich machen wird, erwidert haben: "Man wird Wein und Heiterkeit in vollen Zügen trinken". Dem deutschen, speziell dem norddeutsch-protestantischen Gefühl ist eine solche Antwort fremd, wenn nicht sogar abstossend. Goethe: "Nichts ist schwerer zu ertragen als eine Reihe von guten Tagen." Popper-Lynkeus, mehr vom französischen denn vom deutschen Denken begeistert, mutet uns gar eine endlose Reihe von guten Tagen zu!

Uns Heutigen erscheint das naiv. Ein Lockruf aus den Tagen jugendlicher Illusionen, denen wir mit Bedauern entwachsen sind. Viele halten es heute eher mit einem anderen Franzosen: "Wer mit 20 nicht Sozialist ist, hat kein Herz. Wer es mit 30 noch ist, hat keinen Kopf.". Popper-Lynkeus strebte nach der Synthese, die diesen Zynismus beschämt. Seine Kombination von Kapitalismus und Sozialismus sollte beides aufweisen, Herz und Kopf!

Beide sagen uns, dass zuerst einmal jeder Mensch in seiner materiellen Existenz gesichert sein muss. Das vergangene Jahrhundert hat viele Probleme gelöst, doch dieses wurde ungelöst ererbt und muss jetzt gelöst werden. Wenn wir dieses Ziel erreichen, können wir die Zukunft ruhig der Zukunft überlassen.